Georg von Schorlemer

Lecker Lidl

Bibliografische Information Der Deutschen Bibliothek

Die Deutsche Bibliothek verzeichnet diese Publikation in der Deutschen Nationalbibliografie; detaillierte bibliografische Daten sind im Internet über <http://dnb.ddb.de> abrufbar.

Schorlemer, Georg von : Lecker Lidl:

Berlin: Georg von Schorlemer, 2002.

Reihe: Lifestyle: Essen und Trinken

ISBN:3-8311-4404-4

1. Auflage September 2002

Umschlaggestaltung (Cover) und Satz des Buchblockes mit Bildern:

© good-book-Vision, Berlin, 2002.

Verlag: Dipl.-Kfm. Dr. Georg von Schorlemer, Berlin.

Herstellung: Books on Demand GmbH • Printed in Germany

ISBN 3-8311-4404-4

Gut Essen ist Lebensqualität

Liebe Lidl-Genießer,

liebe Lidl-Fans,

dieses Kochbuch enthält Rezepte, die mit dem Angebot des großen Lecker - Discounters abgestimmt sind.

Rezeptbestandteile die ‚andernorts' hinzugekauft werden müssen, sind nicht-schräg und fett am Ende der Zutaten abgedruckt und dadurch leicht in dem Rezept zu erkennen.

Trotzdem gibt es regionale Sortimentsunterschiede und es kann –auch saisonal- zu Sortimentsänderungen bei dem Lebensmitteldiscounter kommen, sodass der Autor keine Garantie geben kann, dass immer alle Rezeptbestandteile bei dem Lebensmitteldiscounter zu bekommen sind.

Um den Buchpreis niedrig zu halten, wurde im Innenteil auf Farbfotos komplett verzichtet. Was sogenannte ‚Food-Stylisten' (‚Lebensmittel-Stylisten') mit Profi-Fotografen stundenlang hinarrangieren, sieht bei uns doch sowieso anders aus. Die Gerichte sollen schmecken und gut aussehen, weil das Auge mitisst. Aber wir kochen zu Hause nicht für das Fotomuseum.

Alle Produktbezeichnungen in diesem Buch sind ausschließlich zu Informationszwecken eingefügt und stellen daher keinen Warenzeichenmissbrauch dar. Viel Spaß beim Kochen und Genießen und guten Appetit.

Ihr,

Georg von Schorlemer

Haben Sie eigene Rezeptvorschläge für den Lecker-Discounter?

Schicken Sie mir doch einfach Ihre Rezeptvorschläge, die auf das Sortiment von Lidl abgestimmt sind. Sie werden im nächsten Kochbuch erscheinen und mit Ihrem Namen veröffentlicht werden.

Mit dem Zuschicken erklären Sie sich mit der Vorgehensweise wie beschrieben einverstanden. Die Rezeptauswahl muss ich mir vorbehalten: Vielen Dank für Ihr Verständnis.

Faxnummer: 030/ 688 56 78.

Vielen Dank und weiterhin viel Spaß beim Kochen und Genießen!

1 Gut Essen ist Lebensqualität

Sich bloß ernähren oder gut essen...das ist hier die Frage

Wenn ich durch die hektische Betriebsamkeit der Hauptstadt flaniere und die anderen Geschäftsleute bei ihrem ‚Mittag-Essen' an Würstchenbuden beobachte, dann wird mir der Unterschied zwischen sich ernähren und gut essen immer bewusster.

Nichts gegen eine gute Grillwurst hin und wieder. Auch ich habe solche Anfälle und setzte mich dann genüsslich und bewusst der ‚junk food' aus. (Bei dem letzten Stückchen fettiger Grillwurst muss man einen leichten Würge-Reiz spüren, dann war das Grillfett wenigstens alt und ranzig. Also altes ‚Affenfett', wie ich immer sage: die Folge: Leichte bis deutliche Übelkeit: herrlich, dieser kulinarische Masochismus).

Aber überwiegend sollte man doch gut und bewusst essen. Dann kann man auch die mit dem Einkaufen, Kochen und Essen verbundenen Rituale mehr und mehr genießen.

Ich mache mir beim Kochen immer die aktuelle Lieblings-CD an (mal Klassik, aber auch Soul oder Rock) und öffne schon genüsslich den Küchenwein, der später auch zum Essen getrunken wird. Wenn Freunde mitkochen, dann werden die ‚Hilfsarbeiten' verteilt, aber die Oberhand habe immer ich, damit wenigstens nur einer für die Katastrophe verantwortlich gemacht werden kann, denn zu viele Köche verderben den Brei. (Stimmt, wie so einige Volksweißheiten, wirklich).

Preiswert und gut

Preiswert und gut sollten die Zutaten sein. Das ist bei einem auf Qualität achtenden Lebensmitteldiscounter überhaupt kein Widerspruch.

Auch leckere Küche, die sich an die Maxime hält, kann gesund, abwechslungsreich und vor allem preiswert sein.

Allerdings finde ich, dass es durchaus Anlässe gibt (Geburtstage, Taufen, Hochzeitstage oder einfach der Feiertag zwischendurch usw.), wo man den Pfad des ‚alltäglichen' Kochens bewusst verlassen kann, denn man gönnt sich ja sonst nichts. Ich erkläre meistens einfach irgendeinen Tag der Arbeitswoche zu einem solchen selbsternannten Feiertag und koche dann abends ausgiebig mit allen Schikanen: Vorspeise, Hauptgericht , Nachspeise und die eingeladenen Gäste bekommen einen ‚drink' als Aperitif, ganz abgesehen vom Koch- und Tischwein, der sein muss.

Lebensqualität

Kochen und Rezepte ausprobieren ist ein Stück Lebensqualität, dass nicht vom Geldbeutel abhängen muss, wie diese Rezepte-Sammlung zeigt. Nehmen Sie sich, auch wenn der Alltagsstress scheinbar keine Zeit für das ‚hingebungsvolle' Kochen lässt, trotzdem die Zeit und widmen Sie sich bei Kochen ganz den Zutaten.

Dazu kann es hilfreich sein, das Telefon einfach mal zu ignorieren und Ablenker wie den Fernseher einfach mal auszuschalten.

Versuchen Sie das Kochen mit den Rezeptvorschlägen als ‚kulinarisches Kulturgut' zu verstehen, dass Ihnen sozusagen über den Kochtopf die Reise in ganz verschiedene Länder ermöglichen kann.

‚Kampfstation Einkaufswagen'

Der Einkauf: Ich lebe und arbeite in Berlin. Wenn ich als ‚strenger', wenn auch nicht orthodoxer Rezeptkocher mit dem Rezept oder einer Abschrift davon einkaufe, muss ich mich immer wieder über die latente Aggressivität der anderen ‚Einkäufer' amüsieren.

Man kann den Gesichtsausdruck und die Art, wie der Wagen als platzschaffende Waffe eingesetzt wird, wohl nur als 'Kampfstation Einkaufswagen' betrachten. Achten Sie mal beim nächsten Einkauf auf meine Beobachtungen.

Obwohl in unserem Land wirklich genug zu Essen für alle da ist und wir im Sortiment unter verschiedenen Produkten auswählen können, wird gestoßen, geschoben und unwirsch reagiert.

Don't panic on Titanic

Lassen Sie sich von den Neurotikern, Hektikern und anderen unliebsamen Zeitgenossen nicht die Lust und den Spaß am Aussuchen, Riechen, Vergleichen und Einkaufen verderben. Sie kaufen nicht unter Androhung von Gewalt ein und hinter Ihnen steht auch kein Marsmännchen mit der Laserpistole: Warum dann so hektisch? Sie kaufen auch nicht Ihre Henkersmalzeit vor dem Untergang der Titanic ein, sondern Sie haben in der Regel Zeit für den Einkauf. (Eingekauft wird, wenn Zeit ist).

Wenn sich jemand mit seinem Einkaufswagen aggressiv vor Sie schiebt, dann geben Sie ihm doch gelassen nach...lassen Sie ihm

doch den vermeintlichen ‚Sieg'. Wer sich so verhält, hat erhebliche Probleme und kann nichts dafür.

Probieren geht über Studieren

Für fast alle Waren und Zutaten gilt, das man Sie vor dem Zubereiten einmal roh probieren sollte. (Nur bei rohem Fleisch, Fisch und Geflügel mache ich das nicht :-))).

So bekommt man ein Gefühl für Qualität und kann mehr und mehr die Wirkung einer Zutat auf ein Rezept einschätzen. Es sammelt sich einfach ein reicher Erfahrungsschatz mit der Zeit an.

Ein Beispiel: Tomatenmark aus der Tube ist nicht gleich Tomatenmark. Manchmal ist das Mark aus der Tube dunkelrot und schmeckt ranzig-vergammelt, manchmal sogar gärig. Wenn man dann noch weiss, dass mitunter ‚Tomaten' aus der europäischen Überproduktion erst mal lange lagern und dann zum Tomatenmark verdickt werden, dann wundert manches Ergebnis nicht.

Probieren Sie stets die Zutaten: Tomatenmark muss hellrot bis mittelrot sein und für sich intensiv nach Tomate schmecken. Es darf keinen ranzigen oder gärigen Beigeschmack haben.

Gleiches gilt für ein gutes, aber nicht teures natives Olivenöl (z.B. Luccese: Stiftung Warentest Oktober 2002: sehr gut). Es muss eine regelrechte Blume bzw. ein Bouquet haben und sollte nur leicht ‚scharf' nachschmecken. Wenn das Olivenöl dominant scharf nachschmeckt, hat es eher eine geringere Qualität.

Klingt ungewohnt nicht? Tomatenmark oder Olivenöl (z.B. Luc-

cese) verkosten. Aber nur auf diese Weise bekommen Sie ein besseres Gefühl für Qualität und Sie lernen die Wirkung einer Zutat auf die Speise besser kennen. Außerdem ist es doch ein Genuss alles mal roh und unverfälscht zu verkosten.

Kochen als Entspannung

Für mich ist heutzutage- je nach Arbeitswoche- das regelmäßige Kochen zu einer Entspannungsübung geworden, die ich nicht mehr vermissen möchte. Das beginnt mit dem Einkauf und der weitgehenden Rohverkostung von neuen Zutaten und Produkten, die ich –wissentlich- noch nie verwendet habe. So probiere ich z.B. stets neue Südfrüchte aus und bin immer noch erstaunt über die Vielfalt von Früchten. Auch scheint mit der weiteren Züchtung kein Ende bei ‚neuen' Südfrüchten in Sicht. Auch Gewürze werden von mir in kleinen Mengen stets ‚roh verkostet', um ihren eigenen, unverfälschten Geschmack einschätzen zu lernen.

Auf ein Neues

Wir alle sind leider Sklaven unserer Gewohnheit. Das bezieht sich natürlich auch auf das Kochen. Wir greifen oft ‚automatisch' in Regale und verwenden Zutaten und Rezepte die wir gut kennen. Selbstverständlich bin ich auch so ein Opfer.

Dabei muss uns klar sein, dass die Gewohnheit der Feind des Neuen ist. Daher habe ich es mir zur Regel gemacht, bewusst auch Zutaten auszusuchen, die ich –wissentlich- noch nie verwendet habe. Oft geben auch Sortimentsänderungen des Lebensmitteldiscounters eine Chance, Neues aus-

zuprobieren: Auf ein Neues (Rezept)!

Frisch auf den Tisch

Frische ist für mich das oberste Gebot, aber es sollte auch nicht dogmatisch zum Naturgesetz erhoben werden....Locker bleiben. Denn man kann auch mal eine selbstgemachte Hühnerbrühe gegen Instantbrühe ersetzen und frische Kräuter gegen tiefgefrorene Kräuter oder Kräuterlinge (Kräuterwürfel).

.... und dann muss ich noch öfter einkaufen gehen. Nein, liebe Leserin/ lieber Leser: Sie dürfen dann öfter einkaufen gehen, wenn Sie frische Ware auf dem Tisch haben wollen. Einkaufen kann doch durchaus Spaß bereiten.

Gummisalat

Von Ernährungsexperten (sog. Ökotrophologen) wissen wir, dass ein Salatkopf nach 3-4 Tagen im Kühlschrank aufbewahrt, einen wesentlichen Teil seiner Vitamine verloren hat. Der Salat ist dann fast nur noch mit seinen sogenannten Ballaststoffe ‚probiotisch’ wirksam, die positiv auf die Verdauung wirken.

Daher gilt: Salatköpfe, Gurken und vor allem Kräuter werden frisch gekauft und gleichtags oder anderntags verwendet.

Bei anderen Zutaten spielt es keine Rolle, ob Sie frisch oder aus der Dose sind. Dies gilt vor allem für Tomaten.

Es ist noch kein Meister....

Jetzt haben Sie aus dem Einkauf ein erholsames Abwägen, Riechen, Vergleichen und Ausprobieren gemacht und haben mit dem Rezept in der Hand die Zutaten eingekauft.

Für alle, die genau wie ich erst relativ spät (ich mit 20 Jahren) mit dem Kochen angefangen haben, gilt als die oberste Regel, dass wir Menschen sind, die sympathischerweise alle Fehler machen können.

Probieren Sie die Rezepte mehrfach aus und entscheiden Sie für sich und Ihren Geschmack und den Ihrer Gäste, was Ihnen am besten schmeckt. Rezepte sind Vorschläge, keine Gesetzestexte.

Viele Rezepte klappen übrigens beim ersten Mal hervorragend um dann erst mal ins Bodenlose zu sinken und dann –was den Kocherfolg angeht- über Monate und Jahre langsam wie Phönix aus der Asche wieder aufzusteigen.

Olivenöl: ja oder nein?

Ich koche grundsätzlich fast alles (ausser Süßspeisen) mit Olivenöl. Auch Fleisch und z.T. sogar Fisch, weil ich den intensiv-mediterranen Geschmack sehr gerne mag. Wenn das nicht so sehr Ihr Geschmack sein sollte, ersetzten sie das Olivenöl in meinen Rezepten einfach gegen neutrales Öl oder Butter oder Bratmargarine.

Meine Rezepte, Deine Rezepte...

Rezepte sind doch für uns alle da, möchte man beinah ausrufen. Und so ist es auch, denn es sind Rezepte aus Kochsendungen im Fernsehen, Rezepte aus Kochbüchern, Rezepte von Freunden und schliesslich auch Gerichte in Restaurants, die ich nachzukochen versuche, wobei hin und wieder ein Gespräch mit dem netten Koch des Restaurants sehr hilfreich ist.

Alle Rezepte sind für 4 Personen ausgelegt, es sei denn, etwas anderes ist angegeben.

Küchenhygiene muss sein

Selbstverständlich waschen wir alle Gemüse, Früchte, Fische, aber auch Fleisch und sonstige Nahrungsmittel, die man grundsätzlich nach dem Einkauf gründlich abwäscht, bevor wir sie verarbeiten. Das ist meines Erachtens eine Selbstverständlichkeit, die vor dem Hintergrund der ‚erlaubten' Spritzmethoden immer beachtet werden sollte. Daher erspare ich es mir, bei jedem Rezept z.B. mit Gemüse extra zu schreiben, das es vorher zu waschen ist. Dies soll die Rezepte um Selbstverständlichkeiten entrümpeln, die mich beim Lesen/Hören/ Sehen (in Kochsendungen) anderer Rezepte immer verwundern.

Suppen und Vorspeisen

2 Suppen und Vorspeisen

Zugegeben, ich habe auch nicht immer Lust auf die ganz grosse Nummer: Vorspeise, Hauptgericht, Nachspeise. Und welcher Hobbykoch kennt nicht das demotivierende Gefühl stundenlang in der Küche gestanden zu haben und die Gäste verputzen einen ganzen Tag Arbeit mit gut einer Stunde Schlemmen. Und zusätzlich sieht die Küche nachher wie ein Schlachtfeld aus.

Daher kombiniere ich meistens sehr aufwendige Hauptgerichte mit ganz einfachen Nachspeisen, oder sehr aufwendige Suppen mit einer einfachen Hauptspeise und einem schnellen Nachtisch (Eis mit heißer Himbeersoße oder verschiedene Käsesorten mit Baguette, was beides in der ‚Vorbereitung' keine 5 Minuten braucht! Außerdem versuche ich, nicht alles so verbissen zu sehen (das wäre die Betonkopfmentalität). Daher kombiniere ich besonders im Sommer mehrere ‚Vorspeisen' zu einem vollständigen Menü. Es wird dann eher ‚französisch' gegessen, also in mehreren Gängen mit kleinen Menüs, die auf die Jahreszeit und das frische Angebot abgestimmt sind.

In diesem Sinne stelle ich jetzt erst mal zwei italienische Brotvorspeisen vor, die in fünf Minuten gemacht sind.

Tomaten-Schinken

200-250 gr. Schinken (z.B. Abraham)

4 reife Tomaten

Olivenöl (z.B. Luccese);

Baguette *oder Weißbrot*

Der Schinken wird in einer Pfanne mit Olivenöl (z.B. Luccese) angebraten. Danach werden die in Scheiben geschnittenen Tomaten dazugegeben, bis der Schinken richtig schön angebraten ist, und die Tomaten langsam anfangen, zu ‚zergehen'. Das ganze aus der Pfanne heben und einfach auf getoastetes Baguette/Weißbrot geben: Fertig ist eine deftige und super leckere Vorspeise.

Tomatentoast

4 aromatische Tomaten (z.B. sog. Cocktailtomaten oder Strauchtomaten)

Olivenöl (z.B. Luccese)

2 Knofi-zehen

1 großes Baguette *oder Weißbrot*

Das Baguette schneiden und toasten. Der heisse Toast wird mit einer angeschnittenen Knofi-Zehe eingerieben und danach mit etwas nativem Olivenöl (z.B. Luccese) beträufelt.

Jetzt die Tomatenstückchen auf den Toast geben: Fertig. Dazu passt schon sehr schön der spätere Küchen- oder Kochwein, der als Weißwein den Gästen schon eiskalt serviert wird.

Toast á la Schorsch

1 Tube kaltes Tomatenmark (wenn's geht vorher in den Kühlschrank)

Pesto alla Genovese (die bei Lidl ist sooooo lecker und soooo günstig)

2 Knofi-zehen

1 großes Baguette *oder Weißbrot*

Das Baguette wird geschnitten und schön braun getoastet. Der warme Toast wird mit einer angeschnittenen Knofi-Zehe eingerieben und danach mit Pesto Genovese bestrichen.

(Pesto Genovese kauft man am besten, denn die Herstellung ist in den Einzelbestandteilen doch recht teuer: teurer als ein günstiger Einkauf auf alle Fälle.)

Jetzt wird das kalte Tomatenmark als größerer Klecks auf den Toast gegeben : Fertig. Dazu passt schon sehr schön der spätere Küchen- oder Kochwein, der als Weißwein den Gästen serviert wird.

Käsecroutons Provencalisch

125 gr. Mayonnaise,

2 EL. Tomatenmark,

1 TL. scharfen Senf,

70 gr. geriebenen Emmentaler,

2 Knofi-Zehen,

500 gr. Stangenweißbrot

1 Prise Cayennepfeffer,

Die Mayonnaise, das Tomatenmark mit dem Senf und dem Käse vermengen, Knofi dazugeben, mit Cayennepfeffer schärfen, Weißbrot in Scheiben schneiden und die Paste darauf verstreichen.

In den Grillrost des Backofens schieben, bis der Belag rotgold ist. Bitte unbedingt dabei stehen bleiben, denn mir sind schon etliche Vorspeisen verschmort!

Avocadosuppe (süss)

250 ml Orangensaft, frisch gepresst

250 ml Lieblicher Weißwein

3 EL. Honig

125 ml Mineralwasser

2 kleine Avocados

1/2 Vanilleschote

1 Dose Lychees (etwa 200 gr.)

Die Avocados werden halbiert und die Steine entfernt. Hälften schälen, Vanilleschote aufritzen, auskratzen, Vanillemark mit dem Avocadofleisch, Saft, Wein, Lychees, Sirup und Honig im Hand mixer fein zerkleinern. Die Avocadocreme mit Honig abschmecken. Vor dem Servieren kalt stellen, und nach Wunsch mit dem Mineralwasser aufschäumen.

Broccolicreme mit Schinkenstreifen

1 kg. Broccoli

2 Möhren

1 EL. Brühe

1 EL. Mehl

2 Scheiben Kochschinken

3 Zwiebeln

1 EL. Butter

100 gr. Crème fraîche

Die Möhren werden längs in dünne Scheiben geschnitten. Broccoli 8-10 Minuten. in Salzwasser garen. (Je kürzer, desto gesünder!)

Nach 5 Minuten die Möhren zugeben. Gemüse herausnehmen. Möhren in Stücke teilen. Broccoliröschen von den Stielen schneiden und die Stiele mit etwas Kochwasser pürieren, die Menge mit Kochwasser auf 1 ltr. auffüllen. Brühe einrühren, abschmecken. Zwiebelwürfel in Butter anbraten, mit Mehl bestäuben, mit Broccoliflüssigkeit auffüllen, 5 Minuten. kochen. Crème fraîche einrühren, Broccoliröschen, Möhren und Schinkenstreifen in die Suppe geben.

Brotauflauf mit Käse

Weißbrot

Steinpilze und/oder Austerpilze

und/oder Champignons (Dose oder frisch)

2 Tomaten

2 Zwiebeln

2 Eier

Käsescheibletten zum Überbacken

Süße Sahne (Ersatz: Milch),

Olivenöl (z.B. Luccese)

Crème fraîche

Salz, Pfeffer

Das Weißbrot/ Baguette wird in Scheiben geschnitten und geröstet. Nun die Zwiebeln klein schneiden und mit den kleingeschnittenen Pilzen anbraten.

In eine feuerfeste Auflaufform werden abwechselnd Brotscheiben und Zwiebel-Pilz-Mischung hintereinander gereiht, bis die Auflaufform voll ist.

Jetzt werden die Tomaten geviertelt und dazu gegeben und der Käse wird zum Überbacken oben aufgelegt.

Als Sauce werden 2 Eier geschlagen und mit Salz, Pfeffer und Muskat- und wenn man will Sahne- abgeschmeckt. Die Sauce zum Auflauf gegeben. Sahne kann immer gegen Milch (fettarme) ersetzt werden.

Alles bei ca. 170 Grad ca. 40 Minuten in den Ofen schieben.

Vor dem Servieren kann noch Creme fraiche nach Geschmack und Kalorienwunsch dazugegeben werden.

Tomatencreme Suppe

250 gr. Tomaten

1 TL. Gemüsebrühe (Konzentrat)

etwa 1 Glas Wasser

1 kleiner Becher Crème fraîche

2 TL. Zitronensaft

1-2 TL. Honig

Pfeffer; Salz

1/2 Becher geschlagene Sahne

Petersilie oder Basilikum

Die Tomaten in kleine Würfel schneiden, roh mit dem Pürierstab mixen und kurz anwärmen. Das Brühekonzentrat wird untergrührt und mit Zitronensaft Crème fraîche, Pfeffer Salz Honig abgeschmeckt. Unmittelbar vor dem servieren Sahnehäubchen auf die Suppe geben und mit Petersilie oder besser Basilikum garnieren. Kalt oder warm servieren.

Tomatensuppe (Andalusische Art)

2 Dosen geschälte Tomaten

150 gr. Zwiebeln

1 EL. Wasser

100 ml. Wasser

3 EL. Rotwein

1 Gemüsebrühwürfel

1 EL. Butter

1 Knoblauchzehe

1/4 TL. Selleriesalz

100g Zucchini oder Salatgurke

4 EL. Schlagsahne

1 EL. Feingehackter Dill

1 EL. Feingehacktes Basilikum

1 EL. Feingehackter Thymian

alternativ für alle Kräuter: tiefgefrorene Kräutermischung

Geschälte Tomaten in der Dose kaufen, denn die sind genauso gut wie frische Tomaten! Zwiebeln schälen, würfeln und in Butter mit 1 EL. Wasser glasig braten. Der Topf wird vom Herd genommen, 100 ml Wasser und die Tomaten werden dazugegeben und püriert. Den Rotwein, den Brühwürfel, die Butter und alle Kräuter (auch als Kräutermischung tiefgefroren) hinzufügen, ebenso die geschälte durchgepresste Knoblauchzehe. Die Suppe erwärmen aber nicht kochen! Mit dem Selleriesalz abschmecken. Die Zucchini oder das Gurkenstück waschen und in Streifen schneiden. Die Suppe in die Teller füllen, die Zucchini- oder Gurkenstreifen darüber verteilen und auf jede Portion 1 EL. Schlagsahne setzen.

Pikante Bohnensuppe

500 gr. Bohnen (Dose Bohnen)

2 Zwiebeln

30 gr. Butter

5 EL. Curry

20 gr. Mehl

1 ltr. Hühnerbrühe

3 Bananen

1/8 ltr. Weißwein

1/8 ltr. Sahne

1 Spur Salz

1 EL. Pistazien gehackt (kann fehlen)

Zwiebeln schälen, würfeln in Butter glasig braten. Curry und Mehl überstäuben und anschwitzen. Brühe und Bohnen zugeben. 2 Bananen mit Gabel zerdrücken und zugeben. 15 Minuten leicht kochen. Wein und Sahne zugeben und nachwürzen. Die letzte Banane in Scheiben schneiden zugeben und Suppe erhitzen. Mit Pistazien bestreuen und servieren. (Extrem lecker und durch die süßen Bestandteile wird diese Suppe von Kindern sehr gerne gegessen. Dann aber bitte den Weißwein weglassen.

Zucchinicremesuppe

1 Zwiebel, gehackt

1-2 Zucchini

3-4 Kartoffeln

1 Knofizehe

Salz, Pfeffer; Zimt

Olivenöl (z.B. Luccese)

2 Salbeiblätter

1 Kräutersträußchen aus Majoran, Thymian, Rosmarin

Zwiebel in Öl glasig dünsten, gewürfelte Kartoffeln und Zucchini in Scheiben dazugeben, Knoblauchzehe durchpressen und dazugeben. Mit Wasser auffüllen, Kräuter beigeben und mit körniger Fleischbrühe würzen. Ca. 30 Minuten. kochen. Durchpassieren

und mit Salz, Pfeffer und Zimt abschmecken. Darüber gibt man frisch geriebenen Parmesan oder man verfeinert mit Creme fraîche., wenn es unsere Badezimmerwaage erlaubt. (Tipp: Badezimmerwaage auch mal wegstellen!) Einfach und lecker.

Zwiebelsuppe (Art braun)

500 gr. Zwiebeln

30 gr. Mehl

40 gr. Butter

Wasser zum Auffüllen

Salz

Pfeffer

Zwiebeln in dünne Scheiben schneiden und in Fett hellbraun braten. Mehl dazugeben und mitrösten. (Die Zwiebeln dürfen nicht zu dunkel werden, sonst schmecken sie bitter!) Unter ständigem Rühren Wasser zugießen, bis die Suppe schön sämig gekocht ist. Mit Pfeffer und Salz abschmecken. 35 Minuten. langsam kochen lassen (simmern lassen, die Suppe sollte nur ‚lächeln'). Goldbraun geröstete Weißbrotscheiben zur Suppe reichen.

Zwiebelsuppe (Art hell)

500 gr. Zwiebeln

40 gr. Butter

30 gr. Mehl

¼ ltr. Milch

Wasser zum Auffüllen

Salz

Pfeffer

Die in dünne Scheiben geschnittenen Zwiebeln in Butter hellgelb andünsten. Mehl darüber stäuben und auch nur hell anlaufen lassen.

Langsam mit kalter Milch ablöschen. Soviel Wasser zugießen, dass die Suppe sämig wird. Pfeffer und Salz zufügen. 35 Minuten

auf kleiner Flamme köcheln lassen. Fertig!

Pilzcremesuppe

2 Zwiebeln

1 EL. Butter

1 EL. Mehl

1 ltr. Brühe

1 Eigelb

1/8 ltr. Weißwein

2 EL. Creme fraîche

Salz, Pfeffer

500 gr. Austernpilze

1 EL. Dill; gehackt (kann fehlen)

Pilze putzen, waschen und klein schneiden. Alternativ sollten alle Pilze übrigens besser mit einer Bürste ‚trocken' gesäubert werden, denn sie bleiben dann aromatischer. Zwiebeln schälen, fein würfeln und in Butter glasig dünsten. Pilze dazugeben und ebenfalls mit andünsten. Nun das Mehl dazugeben und unter Rühren langsam die Brühe zu gießen. Bei milder Hitze 18-20 Minuten garen. Suppe vom Herd nehmen. Eigelb mit Weißwein und Creme fraîche verquirlt einrühren. Würzen, zuletzt als Deko den Dill dazugeben.

Gemüsecreme-Suppe mit Lauchstreifen

150 gr. grüne Erbsen, alternativ: Erbsen aus der Dose

300 gr. Broccoli

20 gr. Butter

Lauch

1 Bund Frühlingszwiebeln

3/4 ltr. Hühnerbrühe

160 ml Schlagsahne

Salz, Pfeffer, Curry

Weißbrotwürfel

Die grünen Erbsen auftauen, Broccoli putzen, waschen und klein schneiden. Ein kl. Bund Frühlingszwiebeln putzen, waschen. Die weißen Enden würfeln,

in 20 gr. Butter zugedeckt 5 Minuten. garen. Die Hühnerbrühe, Erbsen und Broccoli zufügen, und das Ganze 10 Minuten kochen. Alles mit dem Mixstab pürieren, vier EL. flüssige Sahne darunter ziehen, salzen und pfeffern. Lauchstengel zu feinen Streifen schneiden und in die Suppe geben, heiß halten. 100 ml Schlagsahne mit etwas Salz, Pfeffer und Curry steif schlagen. Suppe auf die Teller verteilen, Sahnehauben darauf setzten, nach Wunsch geröstete Weißbrotwürfel dazugeben.

Gulaschsuppe

250 gr. Zwiebeln
40 gr. Butter
3 EL. Paprika
3 EL. Tomatenmark
1 EL. Mehl
1 Joghurt
1 Tasse Rotwein
1 ltr. Fleischbrühe
Salz, Pfeffer, Zucker
250 gr. Rindfleisch

Die Butter wird erhitzt, um die in Ringe geschnittenen Zwiebeln und das in kleine Würfel geschnittene Rindfleisch darin schön braun anzubraten. Paprika und Tomatenmark werden nun dazugegeben. Alles kurz (2 Minuten) durchbraten lassen. Mit der heißen Fleischbrühe ablöschen und so lange ziehen lassen bis das Fleisch gar ist. Das Joghurt wird mit dem Mehl vermischt und die Soße wird damit gebunden. Mit Salz, Pfeffer und etwas Zucker abschmecken. Zum Schluss den Rotwein dazu geben und servieren. Herrlich deftig, daher ist sie eine meiner Lieblingssuppen.

Thunfisch-Bohnen-Salat

100 gr. weiße Bohnen (aus der Dose)
2 Möhren, 1 Sellerieknolle (als Suppengrün bei Lidl zusammen kaufen)
100 gr. Thunfisch in Öl
1 Zwiebel
80 gr. grüne Oliven
Petersilie
Olivenöl (z.B. Luccese)
1 Bund Rucola *oder anderer Salat der bei Lidl da ist*

Die Bohnen 6 Stunden in Wasser einweichen und danach mit dem Sellerie und der Möhre ca. 1 Stunde köcheln lassen. Jetzt die Bohnen abgießen und in einer Salatschüssel mit dem Thunfisch, der gepellten, geringten Zwiebel und den entsteinten Oliven zusammengeben.

Als Salatsoße das Olivenöl (z.B. Luccese), Essig, Salz und frischen Mühlenpfeffer mit der gehackten Petersilie vermischen und über den Salat geben. Fertig ist ein deftiger und sättigender Salat, der an heißen Sommertagen besonders gut schmeckt.

Hühnersuppe

1 ltr. Wasser

1 Suppenhuhn (ca. 1 kg.)

1 Bund Suppengrün (bei Lidl zusammen abgepackt kaufen)

1 Zwiebel

2 Kartoffeln

150 gr. Broccoli

125 gr. Möhren

50 gr. Suppennudeln nach Geschmack und nach Wahl

Das Huhn wird gewaschen und geputzt. Danach werden die Zwiebeln enthäutet und halbiert. Die Zwiebel mit der Schnittfläche auf den Boden eines (Schnell)Kochtopfes legen und anrösten. Dann das Suppengrün zugeben, kurz mitrösten, dann das Huhn und das Wasser zugeben. Jetzt den Topf schliessen und das Huhn auf der Schon- oder Biostufe 1 1/2 Stunden garen. Den Topf abkühlen lassen, öffnen und das Huhn aus der Flüssigkeit heben.. Huhn abkühlen lassen, Fleisch von den Knochen lösen und in Würfel schneiden. Brühe durchsieben. Kartoffeln in etwa 18-20 Minuten gar kochen. Die Möhren in feine Stifte, den Broccoli in kleine Röschen schneiden. Nudeln, Möhrenstifte, Broccoli und Hühnerfleisch 5 Minuten vor Ende der Garzeit der Kartoffeln zu den Kartoffeln geben und mitgaren. Mit Salz und Pfeffer abschmecken. Fertig ist eine leckere Suppe, die besonders Kindern sehr gut schmeckt.

Erbsensuppe

ca. 1,5 kg Erbsen aus der Dose

1 Zwiebel

20 gr. Butter oder Margarine

3/8 ltr. Gemüsebrühe

1/8 ltr. Sahne

Olivenöl (z.B. Luccese)

Salz, Pfeffer

1 Bund frischer Majoran

Die Erbsen aus der Dose holen und gut abtropfen lassen. Die Zwiebeln pellen und fein würfeln und mit Olivenöl in einem Topf zerlassen, Zwiebel darin glasig anbraten . Nun bitte die Erbsen zugeben, kurz andünsten, dann mit der Brühe auffüllen und 20 Minuten köcheln lassen. (am besten auf Stufe ½ des Elektroherdes ganz langsam ziehen lassen, damit die Erbsen nicht hart und zäh werden). Mit der Kelle einige Erbsen aus der Suppe nehmen, den Rest mit einem dazu geeigneten Gerät fein pürieren. Sahne zugeben, mit Salz, Pfeffer und Majoran würzen. Restliche Erbsen wieder zur Suppe geben um sie damit zu ‚garnieren'.

Fenchelcremesuppe

2 Zwiebeln

2 EL. Butter

1/6 ltr. Weißwein (Schuss Weißwein)

1/2 ltr. Brühe

1 EL. Mehl

1/4 ltr. süße Sahne

2 Fenchelknollen (etwa 300 gr.)

Das Grüne vom Fenchel abmachen und die Knolle in hauchdünne Scheibchen schneiden. Wenn der Strunk hart sein sollte, diesen bitte entfernen. Die feingehackten Zwiebeln in etwas Butter kurz anlaufen lassen, die Fenchelscheiben dazugeben und gut anrösten. Dann mit Mehl bestäuben, mit Wein ablöschen und die Brühe dazugeben. Die Suppe köcheln lassen bis der Fenchel weich ist, dann pürieren. Süße Sahne einrühren, die Suppe nochmals erhitzen, aufschlagen und mit den gehackten Fenchelblättern als Einlage dekoriert servieren. Noch mit Salz und Pfeffer abschmecken.

Champignon-Käse-Suppe

250 gr. Champignons (frisch oder aus der Dose)

1 mittelgroße Zwiebel

200 gr. Schmelzkäse

50 gr. Edelpilzkäse (Gorgonzola)

3 EL. Butter

2 EL. Mehl

1 ltr. Milch

1 Prise Muskatnuss

1/2 Bund Petersilie

1 Prise Cayennepfeffer

Die Champignons waschen oder nur trocken ‚abbürsten', denn dann verlieren sie nicht ihr feines Aroma und in feine Scheiben schneiden. Die Zwiebel schälen und ganz klein würfeln. Den Schmelzkäse und den Edelpilzkäse in kleine Würfel schneiden. Die Butter in einem Suppentopf erhitzen, die Champignons und die Zwiebel darin anbraten und das Mehl unterrühren. Nach und nach mit der Milch aufgießen und die Käsewürfel untermengen. Die Suppe unter Rühren aufkochen und unter Umrühren noch so lange sachte kochen lassen, bis der Käse geschmolzen ist. Mit Cayennepfeffer und dem Muskat abschmecken. Die Petersilie waschen, mit einem Küchenhandtuch abtupfen, hacken und auf die Suppe streuen. Bitte kaum noch Salz dazugeben, bzw. zu Tisch jeden selbst nachwürzen lassen,

denn der Gorgonzola-Edelpilzkäse ist schon sehr salzig.

Schnittlauchsuppe

700 gr. Kartoffeln

ca. 80 gr. durchwachsener Speck (z.B. schon vorgeschnitten als Bacon Streifen bei Lidl)

3/4 ltr. ;Wasser

1 TL. Essig

150 ml Süße Sahne

2 Bund Schnittlauch

Salz

Pfeffer

Geschälte Kartoffeln würfeln und in Salzwasser 20 Minuten garen- je nach Größe-. Dann passieren und wieder zum Kochwasser geben, kurz aufkochen lassen. Bacon Streifen dazugeben. Speck, Essig und Sahne unter den Kartoffelsud rühren und gut würzen. Schnittlauch in Ringe schneiden und über der Suppe verteilen. Mit Pfeffer und Salz abschmecken. Achtung: die Bacon-Streifen sind schon ziemlich salzig.

Selleriecreme-Suppe

200 gr. Kartoffeln

1 EL. Butter

1 Zwiebel

1/2 ltr. Gemüsebrühe

1 TL. Zitronensaft

4 Scheiben Toastbrot

1 Knobizehe

1 Becher Crème fraîche

Kresse

300 gr. Sellerie

Den Sellerie und die Kartoffeln schälen und in Stücke schneiden. Zwiebeln andünsten, Sellerie und Kartoffeln zugeben und alles zusammen weiter andünsten. Wenn alles gut angedünstet ist mit Brühe und Zitronensaft ablöschen. Aufkochen und im geschlossenen Topf ca. 30 Minuten kochen.

Inzwischen Brot toasten, mit halbierter Knoblauchzehe einreiben, beliebige Formen ausstechen oder in kleine Würfel schneiden. Das gekochte, abgekühlte Gemüse im Mixer pürieren.

Nach Belieben durch ein Sieb streichen, in den Topf zurückgeben. Crème fraîche zufügen, nochmals erhitzen.

Die Suppe in vorgewärmte Tassen füllen, mit Toaststückchen belegen, mit Kresse garnieren. Tipp: Die Suppe kann schon am Vortag zubereitet werden. Im Kühlschrank aufbewahren, kurz vor dem Servieren erwärmen; sie schmeckt dann fast noch besser!

Pasta (Nudeln)…Basta!

3 Pasta (Nudeln)...Basta!

Die italienische Küche kennt über 100 Formen von Pasta und im Zubereiten der dazu passenden Saucen übertreffen sich die Köche von Region zu Region. Die meisten Rezepte gehen auch noch schnell und sind so vielfältig, dass man täglich etwas Neues anbieten kann. Ich selbst bin absoluter Pasta-Fan weil die Gerichte- schon wegen der Kochzeit- in der Regel flott zubereitet werden können und man nicht, wie bei manchen Fleischgerichten, Stunden einplanen muss.

Und wer erst einmal auf den Geschmack gekommen ist, wird sich die Ravioli, Nudeln, Tortellini und Lasagneplatten selber machen wollen. Für Backofengerichte braucht man Auflauf- oder Gratinierformen in verschiedenen Größen und Höhen. Es gibt sie aus ofenfester Keramik oder aus Metall.

Möchte man den "Nudeln" auch noch Farbe geben, müssen Sie darauf achten, dass die verwendeten Gemüsepürees möglichst trocken sind. Farb- und Geschmacksträger sind Tomatenmark, Safran, Spinat, Tomaten, Zwiebel, Karotten, Lauch und natürlich die vielen Frischkräuter.

Am Wochenende plädiere ich für die genüssliche, langsame Küche. Dann können auch die Ehepartner mal die Rollen tauschen. Meist kocht ja noch die Frau. Am Wochenende darf dann Vati mal ran.

Für so ein genüssliches Wochenend-Essen- vielleicht mit Freunden- kann man die Pasta auch selber machen. Es ist, mit ein wenig

Übung, wirklich einfacher als man zunächst denkt. Und man kann dann ganz stolz seine eigene Pasta essen. Mit der Zeit kommt dann auch der Mut, mit Kräutern, Gemüsen und Farben zu experimentieren. Und Sie werden sehen, dass es kein Ende bei der Vielfalt gibt.

Seien Sie bei der Auswahl aus dem reichhaltigen Angebot bei Lidl kreativ: Es gibt kein *Muss*, dass bestimmte Nudeln mit einer bestimmten Soße gegessen werden sollen. Nehmen Sie einfach die Nudeln, die Ihnen und Ihrer Familie am besten schmecken. Probieren geht über studieren.

Nudelteig selbst gemacht

Grundrezept ohne Ei

2 EL. kaltgepresstes Olivenöl (z.B. Luccese)

1/4 TL. Salz

120-150 gr. heißes Wasser

Mehl

250 gr. sehr fein gemahlener Hartweizen

Grundrezept mit Ei

2 EL. kaltgepresstes Olivenöl (z.B. Luccese)

1 Ei

1/4 TL. Salz

50-80 gr. Wasser

Mehl zum Streuen

250 gr. sehr fein gemahlener Weizen

Das Mehl wird mit Olivenöl (z.B. Luccese), eventuell Ei, Salz und Wasser vermischt und der Teig wird etwa 5 Minuten kräftig durchgeknetet. Als Ergebnis ist ein elastischer, fester und glatter Teig entstanden, wobei eventuell –wenn zu trocken- noch etwas Wasser dazugegeben wird. Der Teig wird jetzt in einer Schüssel abgedeckt und soll etwa 60 Minuten ruhen. Den Teig jetzt ‚in Portionen’ auf wenig Mehl dünn ausrollen. Das *kann* man auch mit einer Nudelmaschine machen: 10 Minuten Teig ausrollen und 60 Minuten die Maschine sauber machen: Das Gerät landete alsbald im Keller!

Für ungefüllte Nudeln den Teig etwas antrocknen lassen und in beliebige Formen schneiden.

Für die gefüllten Nudeln den Teig in Formen schneiden, mit Füllung belegen, Ränder mit Wasser oder verquirlten Eiweiß bestreichen und fest zusammendrücken, sodass die Füllung nicht herausquillt (Passiert aber am Anfang trotzdem hin und wieder: Es ist eben noch kein Meister...).

3 ltr. Wasser mit 1 1/2 Teelöffeln Salz aufkochen, Teigwaren hineingeben und bei milder Hitze etwa 2-8 Minuten garen. Kaltes Wasser in den Topf gießen und Nudeln abgießen.

Und jetzt noch ein Trick: zum ‚abtrocknen’ der Nudeln den Topf ohne Wasser wieder auf die Herdplatte geben und noch 1 Minute umrühren. Dabei darauf acht geben, dass die Nudeln nicht am Topfboden anpappen.

Für Spinatnudeln 150 gr. Spinatblätter in kochendes Wasser geben und in sich zusammenfallen lassen. Danach abgießen und das Wasser ausdrücken. Dann alles mit dem Pürierstab ‚bearbeiten’ und das Spinatpüree statt des Wassers bei der Nudelherstellung dazugeben, aber- je nach Festigkeit des Teiges usw.- noch etwas Wasser dazugeben.

Spagetti mit Oliven u. Feta

(für 2 Personen)
150 gr. Spagetti
100 gr. Zwiebeln
2 Knoblauchzehen
1 EL. natives Olivenöl (z.B. Luccese)
60 gr. Feta-Schafskäse
Pfeffer, Salz
60 gr. schwarze Oliven, ohne Stein

Für die Spagetti 1 ltr. Wasser mit Salz zum Kochen bringen. Spagetti zugeben, aufkochen und bei milder Hitze bissfest garen. Kaltes Wasser in den Topf gießen und abgießen.

Zwiebeln und Knoblauchzehen fein würfeln und in Olivenöl (z.B. Luccese) schön andünsten. Dann die Oliven fein hacken und Feta fein zerkleinern. Oliven und Zwiebeln mit den Spagetti mischen, Pfeffer und eventuell Salz zugeben und mit Feta bestreut servieren.

Spagetti mit Radicchio und Walnüssen

(für 2 Personen)
150 gr. Spagetti
50 gr. Zwiebeln
1 Knoblauchzehe
1 EL. Butter
4 EL. Weißwein
3 EL. Gemüsebrühe
1/2 TL. Honig
4 EL. gehackte Petersilie
Pfeffer und Salz
60 gr. Parmesankäse
200 gr. Radicchio
40 gr. Walnusskerne;
50 gr. Mascarpone

Für die Spagetti 2 ltr. Wasser mit 2 TL. Salz zum Kochen bringen.

Die Spagetti werden zugegeben und bissfest gegart.

Tipp: Vor dem Ende der Kochzeit auf der Nudelpackung immer wieder probieren, sonst werden die Spagetti weich und schmecken fade: Probieren geht über studieren.

Zwiebeln sehr fein würfeln und die Knoblauchzehe durchdrücken. Radicchio in Streifen schneiden und Walnusskerne gehackt dazugeben. Zwiebeln, Knoblauch, Radicchio und Walnüsse zugeben und wenige Minuten dünsten. Weißwein, Gemüsebrühe und Mascarpone dazugeben und mit dem Honig, Salz und Pfeffer abschmecken und gut 1 Minute köcheln. Petersilie zugeben, abschmecken, mit Spagetti mischen und mit Parmesan bestreuen: Fertig ist ein schnelles und extrem leckeres Gericht.

Nudeln mit Spinat-Lauchgemüse

(für 2 Personen)

150 gr. Nudeln (aus dem Sortiment von Lidl nach Geschmack)

50 gr. Zwiebeln

ca. 250 gr. Lauch

2 EL. natives Olivenöl (z.B. Luccese)

3-4 EL. Gemüsebrühe

2 TL. Zitronensaft

6 EL. Sahne

junger Gauda am Stück

Pfeffer ,Salz, Muskatnuss

Sonnenblumenkerne

ca. 200 gr. Spinat

Für die Nudeln 2 ltr. Wasser mit 2 Teelöffeln Salz zum Kochen bringen. Nudeln zugeben und bei milder Hitze bissfest garen. Sonnenblumenkerne ohne Fett in einer Pfanne schön anrösten. Den Lauch in Streifen schneiden und den Spinat grob zerhacken. Lauch

in Butter anbraten und den Spinat dazugeben, mit ein wenig Gemüsebrühe angießen und zugedeckt 10 Minuten dünsten, wobei alles immer wieder umgerührt werden soll. Pfeffer, Salz, Muskatnuss, und Sahne zugeben und alles abschmecken. Nun werden die Nudeln auf den Tellern angerichtet und das Gemüse darauf verteilt. Sonnenblumenkerne und geriebenen Käse zum Schluss darüber streuen: Fertig!! Lecker, lecker...lecker!

Nudeln mit Fenchel-Dattelgemüse

(für 2 Personen)

150 gr. Nudeln (z.B. die Pappardelle von Ital D'Oro)

50 gr. Zwiebeln

2 EL. natives Olivenöl (z.B. Luccese)

3-4 EL. Gemüsebrühe

1-2 TL. Zitronensaft

Pfeffer Salz

1/4 TL. Safran (Achtung: sehr teuer: kann fehlen!)

200 gr. Fenchel

25 gr. Pinienkerne (Achtung: teuer!)

40 gr. Datteln ohne Steine

Für die Nudeln ca 2,0 ltr. Wasser mit 2 Teelöffeln Salz zum Kochen bringen. Nudeln zugeben, aufkochen und bissfest garen. Pinienkerne in einer beschichteten Pfanne ohne Zutaten anrösten und in ein Gefäß (Tasse o.ä.) beiseite

stellen. Achten Sie dabei darauf, dass die beschichteten Pfannen meist nur eine mittlere Hitze vertragen. Zwiebeln und Fenchel klein schneiden.

Zwiebeln in Olivenöl (z.B. Luccese) leicht anbrutzeln, Fenchel zugeben und unter Rühren dünsten, ein wenig Gemüsebrühe angießen und zugedeckt 6-8 Minuten köcheln lassen. Datteln halbieren und in Teilstücke klein schneiden. Die Datteln zu den Pinienkernen geben und alles zusammen zum Gemüse dazugeben. Alles mit etwas Brühe und Zitronensaft abschmecken und erhitzen. Salz, Pfeffer und –wenn Sie sich den Luxus mal erlauben wollen- Safran einrühren, abschmecken, mit den Nudeln vermischen.

Nudelgratin mit Ananas

250 gr. Nudeln (z.B. die Farfalle von Primadonna)

2 kleine Zwiebeln

1 Dose Ananas

2 EL. natives Olivenöl (z.B. Luccese)

Muskatnuss, Salz, Pfeffer

120 gr. geriebener Goudakäse

3-4 EL. Sojasoße

Für die Nudeln 1,5 ltr. Wasser mit 1 1/2 TL. Salz zum Kochen bringen. Die Spagetti dazugeben, aufkochen und bei milder Hitze ‚al dente' (bissfest) kochen. Die Zwiebeln werden jetzt klein geschnitten und die Ananasringe fein würfeln. Zwiebeln in einer großen Pfanne in 1 1/2 Esslöffeln Olivenöl (z.B. Luccese) unter Rühren schön anrösten und einige Minuten dünsten,. Ananas, Sojasoße, Muskatnuss, Salz und Pfeffer zugeben und kurz dünsten.

Mit Nudeln und der Hälfte des Käses vermischen und alles abschmecken. Eine ofenfeste Form mit 1/2 TL. Olivenöl (z.B. Luccese) einstreichen. Jetzt die Nudeln hineingeben und mit dem übrigen Käse oben auf bestreuen. Bei 190°C etwa 15 Minuten überbacken. Aber bitte unbedingt aufpassen, denn mir sind schon einige ‚Überbackversuche' daneben gegangen. Mein Tipp: Davorsetzen und in die Röhre gucken... das entspannt so schön. Scherz beiseite: Bitte daneben stehen bleiben und hin und wieder reingucken.

Canneloni mit Pilzfüllung

100 gr. Möhren

2 Zwiebeln

1 Dose Tomaten

80 gr. Lauch

3 EL. natives Olivenöl (z.B. Luccese)

400 gr. Champignons (Dose oder frisch je nach Angebot)

60-80 gr. Tomatenmark

200-250 ml Gemüsebrühe

Tasse Rotwein

1 Prise Zimt

100 gr. Morzarella

50 gr. kräftiger Bergkäse

Pfeffer, Salz

1-2 Knoblauchzehen

50 gr. Knollensellerie

1-2 TL. Oregano

1/2 TL. Thymian

10 fertige Lasagneplatten

Möhren, Sellerie und Zwiebeln in Würfel schneiden und die abgetropften Tomaten aus der Dose klein schneiden. Das Olivenöl (z.B. Luccese) erhitzen und Möhren, Sellerie, und Zwiebeln darin unter Rühren leicht anbraten. Dann die Tomaten dazugeben und alles auf E-Herd Stufe 1 ½ zugedeckt etwa 10 Minuten köcheln lassen.

Wasser mit Salz für die Nudeln zum Kochen bringen, um die Lasagneblätter darin nach Packungsangaben zu garen.

Der Lauch wird längs geviertelt und und mit dem klein gehackten Knoblauch, den zerkleinerten Champignons und dem Tomatenmark zum vorher angedünsteten Gemüse gegeben. Alles unter Rühren einige Minuten leicht braten, dann 150 ml Gemüsebrühe, Rotwein, Oregano, Thymian, Salz und eine Prise Zimt zugeben.

Alles wieder 5-10 Minuten garen, bis das Gemüse bissfest gegart ist. Lasagneblätter mit kaltem Wasser abschrecken und abgießen.

Eine ofenfeste Form wird mit 1 EL. Olivenöl (z.B. Luccese) eingefettet. Nudelplatten mit jeweils 2-3 EL. der Füllung belegen, aufrollen und nebeneinander in die Form setzen. Restliche Füllung ebenfalls in die Form geben und etwas Brühe dazugeben.

Morzarella und Bergkäse mischen, auf der Oberfläche verteilen und bei 190°C etwa 15-25 Minuten backen, je nach Back- und Heizleistung Ihres Backofens.

Teigtaschen mit Rosenkohl-Haselnussfüllung

für den Teig*:*

250 gr. sehr fein gemahlener Weizen

2 EL. natives Olivenöl (z.B. Luccese)

1 Ei

1/4 TL. Salz

gr. Tasse Wasser

Mehl

für die Füllung:

20 gr. Butter oder Olivenöl- je nach Geschmack-

50 ml Gemüsebrühe

100 gr. Bergkäse

Salz, Pfeffer

1 Eiweiß

250 gr. Rosenkohl

80 gr. fein geriebene Haselnusskerne

Aus den o.a. Zutaten für den Teig wird ein Teig gemischt und anschließend gut 1 Stunde ‚ruhen' lassen.

Zur Herstellung der Füllung wird der Rosenkohl zerkleinert und –je nach Geschmack- in Olivenöl oder Butter angedünstet. Während des Andünstens immer wieder Gemüsebrühe dazugeben bis der Rosenkohl weich gekocht ist.

Jetzt den Rosenkohl sehr klein schneiden und mit den Haselnsüssen, dem Käse zu einer Füllungsmasse verrühren und mit Salz und Pfeffer herzhaft abschmecken.

Jetzt wird der Teig auf Mehl dünn ausgerollt und portionsweise in Stückchen von ca. 8x8 Zentimeter geschnitten. Jeweils etwa 2-3 TL. Füllung auf die eine Hälfte der Quadrate legen: Über die Füllung klappen: Zumachen! Jetzt werden die Ränder mit Eiweiß eingepinselt (verklebt) und an den Rändern

fest zusammengedrückt. 2,5 ltr. Wasser mit 2 Teelöffeln Salz aufkochen und bei milder Hitze etwa 6-8 Minuten garen. Nach 6 Minuten im leicht köchelnden Wasser immer wieder probieren. Der leckere, selbstgemachte Teig sollte nicht mehr ‚mehlig' schmecken, aber auch nicht zu weich sein. Das ist eben Übungssache und hier gilt wieder: Probieren geht über Studieren.

Ravioli mit Lauch-Olivenfüllung

für den Teig:

250 gr. fein gemahlener Hartweizen,

2 EL. natives Olivenöl (z.B. Luccese);

1/4 TL. Salz

120-150 gr. heißes Wasser

Mehl

für die Füllung:

1 EL. natives Olivenöl (z.B. Luccese)

250 gr. Lauch

125 gr. Feta-Schafskäse

40 gr. schwarze Oliven ohne Stein

Salz, Pfeffer

4 EL. fein gehackte Petersilie

1 Eiweiß

gemahlener Hartweizen

2 TL. Oregano

1/4 TL. Koriander

Nudelteig machen wie in dem vorherigen Rezept.

Für die Füllung Lauchstangen halbieren und in schmale Streifen schneiden und in Olivenöl (z.B. Luccese) etwa 3 Minuten dünsten (sie sind noch bissfest): immer wieder umrühren.

Jetzt die kleingehackten Oliven mit dem zerbröselten Feta und dem garen Lauch mischen und alles zusammen schön mit Oregano, Koriander (ist Geschmackssache!), Salz und Pfeffer sehr herzhaft abschmecken.

Teig ausrollen und mit einem dünnwandigen Glas Kreise von etwa 8 cm Durchmesser ausstechen. Ränder mit Eiweiß einstreichen und ca. 2 TL. Füllung jeweils in die Mitte geben. Jeweils fest zusammendrücken, aber das wird nicht verhindern, dass einzelne Ravioli aufgehen: ...Verluste, gibt es immer wieder ... . Jetzt die selbstgemachten Ravioli in ca. violi in ca. 2,5 ltr. Wasser mit 2,5 Teelöffeln Salz aufkochen. Die Ravioli etwa 6-8 Minuten kochen...immer wieder probieren! Alles mit der frischen Petersilie garniert auf den vorgewärmten Tellern anrichten! Wohl bekomm's...guten Appetit!

Makkaroni mit Sardellen

1 Dose Sardellen in Öl,

1 Möhre,

2 EL. Aceto Balsamico,

2 TL. Kapern,

500 gr. Makkaroni oder andere Nudeln aus dem Lidl Sortiment

2-3 EL. Olivenöl (z.B. Luccese),

2 EL. Rotwein,

1 Knoblauchzehe,

Salz,

Makkaroni in Salzwasser bissfest garen (ca. 8-10 Minuten: Bitte die Packungsangaben beachten).

Sardellen aus der Dose nehmen und das Öl gut ablaufen lassen. Jetzt die Sardellen in Stücke schneiden und die Kapern mit einer Gabel , den Knoblauch mit einer Presse zerdrücken.

Aus Olivenöl (z.B. Luccese), Essig, Rotwein und Salz eine Sauce machen und mit den jeweils zerdrückten Knoblauchzehen, den klein geschnittenen Sardellen und den zerdrückten Kapern zu einer Paste vermischen. Die warmen Makkaroni unterheben und mit Möhrenstiften garnieren und zu allem noch einige Tropfen des guten, nativen Olivenöls dazugeben. Sie werden sich ans Mittelmeer versetzt fühlen!

(Bunte) Röhrennudeln

1 TL. Kümmel,

1 Knoblauchzehe,

1/2 ltr. Milch,

Salz/ Pfeffer,

200 gr. Fenchel,

500 gr. bunte Röhrennudeln, (oder die Papardelle von Ital d'Oro)

2 EL. gehackten Dill,

1 unbehandelte Zitrone.

Fenchel klein schneiden und zusammen mit Kümmel, der zerdrückten Knoblauchzehe und der abgeschälten Zitronenschale (dazu am besten einen Möhrenschäler verwenden) in Milch aufkochen und weiter köcheln lassen. Nun die Nudeln dazugeben und mit Wasser nachfüllen, bis die Nudeln bedeckt sind. Dauer des Kochens je nach Packungsangabe. Zum Schluss bitte die Zitronenschale entfernen, und alles in den vorge-

wärmten Tellern vor dem Servieren mit gehacktem Dill bestreuen.

Spaghetti mit Tomatensauce

1 Dose gehäutete Tomaten,

1 Tube Tomatenmark

400g Spaghetti

1 Zwiebel,

1 Stange Sellerie,

4 kleine Möhren

2-3 TL. scharfen Senf,

1 Knoblauchzehe,

Saft einer Zitrone,

1 EL. gehackte Petersilie,

4 EL. Olivenöl (z.B. Luccese).

1 kleine rote Pfefferschote (wenn Kinder mitessen, bitte weglassen)

Tomaten aus der Dose nehmen und alles gut abtropfen lassen. Den Sellerie klein schneiden und mit den geschälten Möhren fein würfeln, Knoblauchzehe zerdrücken. Das so fertig geschnittene Gemüse mit der Petersilie und einem Schuss Wasser in einen Topf geben und ca. 15 Minuten köcheln lassen...es ist dann noch bissfest. Gesundesser lassen das Gemüse noch kürzer garen, wegen der Vitamine. Das ist aber Geschmacks- und Gewohnheitssache.

Olivenöl (z.B. Luccese), Senf, Salz, ggf. die gehackte Pfefferschote und Zitronensaft zugeben und alles schön abschmecken. Einige Minuten leicht köcheln lassen und bitte zum Schluss das Tomatenmark mit einer Prise Zucker dazugeben. Spaghetti in Salzwasser ‚al dente' garen und mit der Sauce vermischen.

Lauchnudeln

3 Stangen Lauch,

2 TL. Currypulver,

1 Becher Crème fraiche (für Madames Diät tut's auch fettarmer Joghurt),

350g Nudeln,

geriebener Käse (Gauda oder Emmentaler nach Geschmack),

1 EL. Olivenöl (z.B. Luccese),

1 Packung tiefgekühlte, gemischte Kräuter.

Zunächst werden die Nudeln in Salzwasser nach Packungsangabe gegart. Gleichzeitig schneiden wir den Lauch in kleine Ringe und dünsten den Lauch in Olivenöl (z.B. Luccese) mit dem Curry und der Kräutermischung 8 Minuten an.

Abschliessend Nudeln und Lauch in abwechselnden Schichten in eine ofenfest Form geben und mit Käse bestreuen. Ggf. noch mit Crème fraiche übergießen. Im vorgeheizten Backofen bei 190 Grad ca.18 Minuten überbacken, aber bitte dabei bleiben!!

Tagliatelle alla Toscana

100g Stangensellerie,

1 mittelgroße Zwiebel,

Dose Tomaten,

1 Knoblauchzehe,

2 Möhren,

400g Bandnudeln (Tagliatelle von Ital d'Oro),

2 EL. Olivenöl (z.B. Luccese),

1 Tasse Fleischbrühe

Salz, Pfeffer,

Rosmarin,

Parmesan,

250g Kalbfleisch, gehackt,

Bandnudeln in Salzwasser bissfest garen. Stangensellerie waschen, klein schneiden. Möhren und Zwiebeln schälen, fein würfeln.

Knoblauchzehe abziehen und zerdrücken. Olivenöl (z.B. Luccese) erhitzen, Gemüse darin 3-4 Minuten dünsten, Hackfleisch und Gewürze zugeben und vermischen. Heiße Fleischbrühe angießen, kleingeschnittene Dosentomaten zugeben, gut vermischen, alles ca. 20 Minuten schmoren. Gut abgetropfte Bandnudeln mit der Sauce vermischen und erhitzen. Nach Wunsch mit Parmesan bestreut auf vorgewärmten Tellern servieren.

Hörnchen-Auflauf mit Schinken

200gr Schinken (z. B. den Abraham Knochenschinken aus dem Lidl-Sortiment)

250g Hörnchen (Eier-Nudeln),

2 EL. Olivenöl (z.B. Luccese),

1/4 ltr. süße Sahne (kann im Diätfall immer gegen Milch ersetzt werden)

3 Eier,

150gr. Gauda

frischer Schnittlauch

Die Hörnchen werden in Salzwasser ca. 8 Minuten gegart und kalt abgeschreckt.

Jetzt den guten Knochenschinken (eine Delikatesse!) klein würfeln und zusammen mit den Hörnnchen in eine ofenfeste, mit Butter eingefettete Form geben. Dabei den kleingehackten Schinken schön unterrühren.

Eier mit Sahne verquirlen, pfeffern und fast den ganzen Käse darunter mischen. **Bitte nicht salzen, denn der Schinken ist salzig genug!** Über den Auflauf gießen Restlichen Käse und ein paar Butterflocken darüber geben.

Im Backofen bei 190 Grad ca. 40 Minuten garen bis die oberste Schicht knackig-kross und goldbraun bis braun gebacken ist. Vor dem Servieren mit ggf. mit Schnittlauch garnieren.

Nudeln "Hawaii"

4 Hühnerbrüstchen,
100g Champignons,
1/4 Dose feine grüne Erbsen,
1/4 Stange Lauch,
20g Butter oder Olivenöl,
30g Mehl,
1/4 ltr. Hühnerbrühe,
250g kleine Nudeln aus dem Lidl-Sortiment,
2 EL. Sahne,
6 Ananasscheiben (Dose),
1/8 ltr. trockener Weißwein
Salz, Pfeffer.

Die Hühnerbrüste auftauen und schön in Butter oder Olivenöl (je nach Geschmack) anbraten bis sie von beiden Seiten schön kross gebraten sind. Geschnittene Champignons, Erbsen und in Ringe geschnittene Lauchstange dazugeben und alles mit Salz und Pfeffer abschmecken. Bei geringer Hitze ca. 12 Minuten garen.

Butter in einen kleinen Topf erhitzen, das Mehl langsam zugeben und glatt rühren und unter ständigem Rühren die Hühnerbrühe und den Weißwein abwechselnd dazugießen, bis eine Sauce entsteht. Jetzt die Nudeln in Salzwasser bissfest garen

Zum Schluss die Ananasscheiben zu den Hühnerbrüsten geben und Nudeln mit Sauce, den Ananasscheiben garnieren. Alles bitte auf die vorgewärmten Teller geben. Dieses Gericht kommt wegen der Ananas bei den Kleinen ganz groß an!

Makkaroni mit Gorgonzolasoße

2 Zwiebeln

40 gr. Butter oder Margarine

1 EL. Mehl

1 Dose Tomaten gehäutet

250 gr. Gorgonzolakäse

100 gr. Schlagsahne

1 EL. Edelsüß-Paprika

500 gr. Makkaroni (oder andere Nudeln)

1 EL. Olivenöl (z.B. Luccese)

Salz / Pfeffer

Die klein gehackten Zwiebeln werden in dem Olivenöl angedünstet und mit Mehl bestäubt, um die spätere Soße zu binden. Tomaten dazu und alles zusammen aufkochen lassen. Jetzt behutsam den Gorgonzola in die Soße rühren und dann die Sahne zufügen und alles zusammen aufkochen lassen. Die Soße mit Salz (Vorsicht; denn der Gorgonzola ist schon sehr salzig) , Pfeffer und Paprika abschmecken. Inzwischen Makkaroni in reichlich Salzwasser mit einem Schuss Olivenöl (z.B. Luccese) acht Minuten kochen. Abtropfen lassen und mit der Soße servieren.

Spaghetti-Auflauf ‚Roma'

250 gr. Spaghetti

200 gr. gemischtes Hackfleisch (z.B. Gut Frielingshof)

1 Zwiebel;

2 EL. Olivenöl (z.B. Luccese)

150 gr. Tomatenmark

4 Tomaten (Dose)

100 gr. Dosenchampignons

20 gr. geriebener Käse

10 gr. Margarine

Salz, Pfeffer

Majoran

1 Prise Basilikum

1 Prise Rosmarin

200 gr. Krabbenfleisch

Die Spaghetti in Salzwasser garen, und die Zwiebeln klein schneiden und in Olivenöl (z.B. Luccese) glasig dünsten. Jetzt die gehäuteten Tomaten dazu geben , sowie das Tomatenmark und die Gewürze.

In diese Tomaten-Gewürz-Mischung wird das aufgetaute Hackfleisch zusammen mit dem Krabbenfleisch gegeben. Nun die kleingeschnittenen Dosenchampignons dazugeben und alles zusammen aufkochen lassen. Jetzt die Spaghettis und Fleischsoße abwechseln schichten und zuletzt die Margarine als Flöckchen aufsetzen. Alle bitte auf vorgewärmten Tellern servieren. Falls unerwarteterweise noch etwas übrig bleiben sollte- es schmeckt am anderen Tag noch mal so gut.

Nudeln mit Pilzsoße

500 gr. Pilze zusammen (Champignons, Austernpilze, Pfifferlinge, was in Dosen oder frisch da ist)

2 Zwiebeln

1 Bund Petersilie

3 EL. Olivenöl (z.B. Luccese)

100 gr. Crème frâiche

50 ml Gemüsebrühe (Instant)

250 gr. Nudeln (z.B. die Papardelle von Ital D'Oro)

Salz/ Pfeffer

etwas Zitronensaft

Parmesankäse

Die Pilze sollte man- so sie frisch sind, nur ‚abbürsten', denn beim Waschen verlieren sie viel Aroma. Zwiebeln und Petersilien klein hacken: Is' ja klar, nech. Zwiebeln in zwei EL. Olivenöl (z.B. Luccese) andünsten. Pilze zugeben und Rühren kräftig anbraten: so um die 3 Minuten bitten. Crème frâi-

che und Brühe zugeben. In der geschlossenen Pfanne 10 Minuten köcheln lassen. Nudeln in Salzwasser mit einem EL. Olivenöl (z.B. Luccese) zwölf Minuten kochen lassen. Pilze mit Salz, Pfeffer und Zitronensaft abschmecken. Petersilie unterrühren. Die Nudeln abtropfen lassen und mit der Pilzsoße anrichten. Zum Essen mit geriebenem Parmesankäse bestreuen.

Spaghetti mit Zucchini-Sahnesoße

200 gr. Champignons (aus der Dose)

1 Zwiebel

250 gr. Zucchini

1/8 ltr. Milch

150 gr. Schlagsahne

260 gr. Spaghetti (aus dem Lidl-Sortiment)

2 EL. Olivenöl (z.B. Luccese)

½ Zitrone

Salz, Curry

3 EL. geriebener Parmesankäse

Zucchini und Champignons und Zwiebeln klein schneiden. Alles in dem guten Olivenöl dünsten. Jetzt die Milch und zur Verfeinerung auch Sahne dazugeben. Schmeckt für Diätgeplagte natürlich auch ‚nur' mit Milch. Anschliessend noch mit Salz und Curry abschmecken.

Alles gut 10 Minuten garen und nun schon mal die Spaghetti in al dente kochen. Abschliessend die Gemüsesoße noch mit Zitronensaft abschmecken und die frisch gehackte Petersilie dazugeben. Jetzt noch in jeden Teller einen Schuss des Olivenöls geben und unterrühren: So machen's auch die Italiener. Wenn Sie wollen, über das Menü noch den frischgeriebenen Parmesan geben: Guten....!

Spaghetti mit Shrimps

500gr geschälte Tomaten aus der Dose,

250 gr. Spaghetti,

1 Knoblauchzehen,

3 Zwiebeln,

1 EL. Olivenöl (z.B. Luccese),

halber Becher Schlagsahne,

1 Packung Shrimps tiefgefroren (Achtung: nicht gerade preiswert)

1 Bund Petersilie,

Salz, Pfeffer.

Zuerst die Zwiebeln in dem guten Olivenöl dünsten. Jetzt die Dosentomaten dazugeben und alles 8-12 Minuten einkochen lassen, je nachdem wie man's mag. Derweil die Spaghetti bissfest kochen und die aufgetauten Shrimps in Olivenöl in einer Extra-Pfanne kräftig von beiden Seiten anbraten. Das dauert 4 Minuten. Die Shrimps sollen richtig schön kross werden.

Wenn Sie die Shrimps zu früh rausnehmen, sind sie innen noch roh und gliebrig: Ich kennen niemanden, der das mag.

Jetzt die Sahne mit den krossen Shrimps und der gehackten Petersilie als Soße verrühren. Die Soße mit Salz und Pfeffer deftig würzen. Alles über die Spaghetti geben... es wird ein Festessen: Achtung: Ihre Gäste werden Wert darauf legen, dass alle diegleiche Anzahl an Shrimps bekommen, denn das ist die Delikatesse. Dazu einen schönen trockenen Weißwein geniessen, denn man gönnt sich ja sonst nichts.

Nudelauflauf Munna

500 gr. Nudeln z.B. die Papardelle von Ital D'Oro,

2 EL. Olivenöl (z.B. Luccese)

2 Eier

¼ ltr. Milch

Gouda-Käsescheiben

250 gr. Schinken (z.B. Abraham)

Muskat

Eine ‚feuerfeste' Auflaufform mit einem Teil des Olivenöls (z.B. Luccese) ausstreichen. Die ganzen Eier mit der Milch verquirlen und eine Prise Muskatnuss dazugeben. Die Nudeln ‚al dente' vorkochen und in die Auflaufform geben. Mit dem gewürfelten Speck vermischen und nun die Eier-Milch-Soße über die Nudelmasse gießen. Abschliessend den Gouda-Käse drüber. Bei 175 Grad ca. 40-50 Minuten in den Backofen. Der Gouda-Käse muss zerlaufen und die oberste Nudel-Schicht sollte goldbraun bis knusprig sein. Bitte nicht salzen, denn der Schinken hat genug Salz!

Vor dem Servieren die Nudeln auf dem Teller noch mit etwas frischem, gekühltem, nativen Olivenöl (z.B. Luccese) vermischen. Der Auflauf schmeckt anderntags noch mal so gut und kann auch in der Pfanne schnell ‚aufgebraten' werden. Es ist übrigens ein Gericht, das sich wunderbar vorbereiten lässt. Man kommt nach Hause und stellt nur noch den Backofen an. Es schmeckt genauso gut, wie es auf der anderen Seite einfach zuzubereiten ist...wie so oft.

Penne pikantissimo

500 gr. kleine Nudeln

2. EL Olivenöl (z.B. Luccese)

150 gr. Broccoli

150 gr. Schinken (z.B. Araham)

2 Knoblauchzehen oder mehr, wenn Sie mal alleine sein wollen...

2 Zwiebeln

Die Penne- je nach Personenzahl und Appetit dosieren- und in gesalzenes Wasser geben. Bei insgesamt 10 Minuten Kochzeit die Penne vorkochen und dann für die letzten 5 Minuten den Broccolizerteilt in seine kleinen ‚Zweige' zum Nudelwasser mit den Nudeln geben!

Inzwischen ist der Schinken mit schönem Olivenöl (z.B. Luccese) in einer Extra-Pfanne angedünstet worden und die Zwiebeln sind (superklein) geschnitten dazu gegeben, genau wie der kleingehackte Knofi, der je nach

hackte Knofi, der je nach ‚Abendprogramm' und Geschmack dosiert werden kann.

Nach der Garzeit der Nudeln das Nudelwasser ablassen und den gesamten Pfanneninhalt (Schinkenspeck, Zwiebeln, Knofi) dazugeben und bitte nur noch pfeffern.

Alles unter die Nudeln rühren und fertig ist ein pikantes, leckeres, schnelles Gericht.

Risotti (Reisgerichte)

4 Risotti (Reisgerichte)

Grundrezept Risotto:

Ca. 250 gr. Rundkornreis (alternativ: Milchreis),
1,5 ltr Brühe,
¼ ltr. Weißwein,
Olivenöl (z.B. Luccese),
1-2 kleine Zwiebeln

Manch' prominente Fernsehkoch mit Kochsendung macht aus dem Risottokochen eine wahre Wissenschaft, wenn auch auf seine durchaus sympathische Art. Lassen Sie sich dadurch bitte nicht davon abbringen, sich des Risottokochens anzunehmen, denn es wird sich für Sie jenseits der ‚Reisbeilage' eine völlig neue Welt erschließen, die alle möglichen Kombinationsmöglichkeiten dieses appetitlichen Pflanzenkorns mit anderen Zutaten zulässt.

Auf jeden Fall ist Rundkornreis angesagt (Arborio, Carnaoli). Der ist allerdings in dem grossen, preiswerten Lebensmitteldiscounter nicht zu bekommen. Da aber eine Packung mit 500 gr. Inhalt für zwei Mahlzeiten mit je vier Personen reicht und der Risottoreis um die 4,50 €/ Packung kostet, ist es keine Riesenausgabe.

Die klein gehackten Zwiebeln werden in Olivenöl (z.B. Luccese) scharf angebraten und dann wird der Reis ungewaschen (trocken) dazugegeben.

Wenn die Reiskörner klar werden, kann der erste Schuss Brühe dazugegeben werden. Der Reis braucht Flüssigkeit. Also Brühe (Gemüse, Hühner, Kalb) dazugeben und „dasse gaaanz langsame, perfavore". Nicht soviel auf einmal. Ich gebe immer soviel dazu, dass es gerade reicht damit der

Reis nicht anbrennt. Nein, Instant-Brühe nehme ich (eigentlich ☺) nicht mehr, Brühe kann man leicht in grossen Mengen machen und dann portionsweise einfrieren. Zu irgendwas muss die Tiefkühltruhe ja auch gut sein.

Und dann muß gerührt werden. Dabei passiert, was sonst beim Reis kochen unerwünscht ist: Stärke wird frei und gibt den wunderbaren Kleister, dem das gelungene Risotto seine Konsistenz verdankt.

So immer fortfahren, bis der Reis nach ca. 20-30 Minuten gar ist . Kurz vor Ende der Reisgarzeit wird der Wein hinzugegeben, damit die Reiskörner sein Aroma aufnehmen können.

In einer Pfanne werden währenddessen die Zutaten gegart. Was gerade da ist: Lauch, Paprika, Mangold...

Zum würzen: Safran, Chili oder schwarzer Pfeffer, Knoblauch, Ingwer....

Wenn der Reis fertig ist kommen die Zutaten mit in den Topf. Die Reismasse sollte dann ziemlich sämig (nicht zu trocken oder suppig) sein. Ob mehr oder weniger Biss ist für sicher für manche schon wieder eine Glaubensfrage; für mich ist es Geschmacksache und ich führe keine Auseinandersetzung deswegen.

Risotto mit Pilzen

200 gr. Pilze (frisch oder aus der Dose: z.B. Champignons, Pfifferlinge),
2 EL. Zitronensaft,
1 Zwiebel
1 Knoblauchzehe,
3 EL. Butter,
1/8 ltr. trockener Weißwein,
3/4 ltr. klare Gemüsebrühe,
Salz, Pfeffer,
200 gr. Arborio-Reis (Risotto-Reis: alternativ: Milchreis)
2 TL. frischer Thymian
75 gr. frisch geriebener Parmesan

Die Pilze putzen und in Streifen schneiden (große Pfifferlinge halbieren). Pilze ohne Fett ein eine beschichtete Pfanne geben, leicht salzen und schnell anbraten. Bitte nur auf Stufe 2, denn sonst machen Sie sich die teure Pfanne schnell kaputt. Die Pilze werden mit dem Zitronensaft und Pfeffer abgeschmeckt.

In einen Topf 2 EL. des guten Olivenöls geben und den Reis glasig werden lassen. Zwiebel und Knoblauch kleingeschnitten dazu. Mit Weißwein wird jetzt abgelöscht und die Flüssigkeit gänzlich einkochen lassen.

Jetzt den frischen Thymian und nach und nach die Gemüsebrühe in den Topf geben. Das Risotto muss ständig umgerührt werden. Daher den Reis offen unter Rühren 20 - 25 Minuten garen (ich hab' mir allerdings auch schon 35-40 Minuten einen Wolf gerührt: deswegen habe ich manchmal einfach keine Lust zum Risotto**kochen** ...ich hab' allerdings fast immer Lust zum Risotto**essen**.)

Kurz bevor der Reis gar ist, alle Pilze unterheben und heiß werden lassen. Die übrige Butter in kleinen Stückchen und den Käse unterheben. Mit Salz und Pfeffer abschmecken. Evtl. mit einem kleinen Schuss Weißwein verfeinern.

Ich überbrücke die Zeit mit einem Gläschen Wein, der wegen des Kochens sowieso schon offen und... und wie lange hält sich offener Weißwein?...eben darum muss er dringend ‚wech'.

Risotto mit Zucchini

100 gr.: Salami,
1 EL. Olivenöl (z.B. Luccese),
1 Zwiebel,
1 Knoblauchzehe,
1 mittelgroße oder 2 kleine Zucchini,
1 ltr. Gemüsebrühe,
Pfeffer,
1 Glas trockener Weißwein,
200 gr. Arborio-Reis oder Milchreis,
Oregano,
50 gr. frisch geriebener Parmesan,
Basilikum.

Das Olivenöl (z.B. Luccese) in einem großen Topf erhitzen und die kleingeschnittene Salami darin anbraten. Jetzt die Zwiebel und den Knoblauch dazugeben und alles mit dem Reis schön andünsten, damit er schon das ‚Salami- und Zwiebel-Aroma' aufnehmen kann.

Jetzt bitte die Gemüsebrühe in kleinen Portionen mit einer Schöpfkelle zugeben und unter ständigem Rühren immer wieder aufkochen lassen (siehe Beschreibung im Grundrezept). Dann den Reis bei ganz kleiner Flamme ca. 20 Minuten garen. Mit Pfeffer, Oregano und Basilikum abschmecken.

In der Zwischenzeit in einer Pfanne die Zucchinistückchen kurz anbraten, bis sie schön angeröstet sind.

Am Ende der Garzeit des Reis die Zucchinistückchen darunter heben und -je nach Geschmack - den Weißwein und frisch geriebenen Parmesankäse zugeben. Vorsicht beim evtl. Nachsalzen, denn die Gemüsebrühe ist meist salzig genug!

Risotto an Fenchel

200 gr. Arborio oder Rundkornreis oder Milchreis

Tasse Weißwein

2 Zwiebeln,

1/2 ltr. Gemüsebrühe,

50 gr. frisch geriebener Parmesan

3 Fenchelknollen,

Das Olivenöl (z.B. Luccese) in einem großen Topf erhitzen und die Zwiebel und den Knoblauch dazugeben und alles mit dem Reis schön andünsten, damit er schon das , Zwiebel-Aroma' aufnehmen kann. Jetzt bitte die Gemüsebrühe in kleinen Portionen mit einer Schöpfkelle zugeben und unter ständigem Rühren immer wieder aufkochen lassen (siehe Beschreibung im Grundrezept). Das dauert ca. 20-25 Minuten. Immer wieder umrühren.

Die Fenchelknollen halbieren und in klein schneiden. Das Grün entfernen, aber aufheben. In einem Topf den Wein und 1 Tasse Wasser aufkochen, den Fenchel dazugeben und bei mittlerer Hitze zugedeckt nicht ganz weich garen (ca. 12 Minuten).

Wenn der Fenchel bissfest gar ist, alles unter den Reis heben und mit dem Fenchelgrün garnieren. Ehrlich gesagt: Als mir ein Freund in Berlin von dem Rezept erzählte, war ich auch erst sehr skeptisch, aber jetzt gibt es das Risotto immer zur Fenchelzeit, bis ich wieder genug von dem Gemüse mit dem ‚Ingwer-Aroma' habe.

Jambalaja

2 EL. Olivenöl (z.B. Luccese),

1 Zwiebel,

2 Knoblauchzehen,

200 gr. Schinken (z.B. Abraham),

300 gr. Langkornreis (z.B. Basmati-Reis ‚Tenery')

1 Paprikaschote,

2 Dosen passierte Tomaten,

30 gr. gehackte Petersilie,

1 TL. Worcestersauce,

1/2 TL. Thymian,

250 gr. Krabben.

Das gute, native Olivenöl in einem großen Topf erhitzen und Zwiebeln, Schinken und Knoblauch 4 Minuten schön anbraten, bis die Zwiebel glasig ist. Reis dazu und glasig dünsten.

Paprika, passierte Tomaten, Worcestersauce und Thymian zugeben. Alles verrühren, dann aufkochen lassen. Alles auf Stufe

1 kochen und gut 45 Minuten im geschlossenen Topf simmern (köcheln) lassen.

Kurz von Ende der Garzeit der Paprika-Tomaten-Soße den Reis kochen. Petersilie und Krabben unter den Reis heben, mit Salz und frisch gemahlenem Pfeffer abschmecken und alles zusammen auf die Teller geben. Das letzte Mal habe ich es köcheln lassen und am PC gearbeitet, dann war das Jambalaya im Nu verbrannt. Ja, ja, der aufmerksame Leser hat gelesen, dass man sich beim Kochen ganz demselben widmen soll und alle Ablenkungen abstellen soll: Der Wegweiser geht aber nie selbst zum Ziel!

Risotto Milano

1 Zwiebel,
Olivenöl (z.B. von Luccese)
Salz, Pfeffer,
1/8 ltr. trockener Weißwein,
1 ltr. Fleischbrühe,
1 nussgroßes Stück Rindermark oder mehr nach Geschmack,
200-300 gr. Arborio-Reis ,
40 gr. frisch geriebener Parmesan

Die Zwiebeln und das Rindermark bei kleiner Flamme in den Olivenöl anschwenken. Nun den Reis untermischen und mit Salz und Pfeffer würzen.

Wein zugießen und alles aufkochen lassen, wobei der Wein bei kleiner Flamme verkochen sollte.

Fleischbrühe nach und nach zugießen und jeweils vom Reis aufsaugen lassen, bevor die nächste

Portion Brühe zugegossen wird (siehe Grundrezept).

Reis unter häufigem Umrühren in etwa 20-25 Minuten weich kochen.

Natürlich müssen Sie den Wein vorher und evtl. zwischendurch und gegebenenfalls auch nachher-probieren und zum Essen sowieso ;-)).

Kürbiscremesuppe mit Reis

1 große Möhre,

1 Zwiebel,

1 Lauchstange,

50g Rundkornreis,

3/4 ltr. Instant-Hühnerbrühe (sorry Bio!)

1/4 ltr. trockener Weißwein,

1 EL. Olivenöl

250 gr. Sahne,

2 EL. Schnittlauchröllchen

Salz, Pfeffer

500 gr. Kürbisfleisch,

2 EL. Kürbiskerne,

Das Kürbisfleisch, die Möhre, die Zwiebel klein hacken. Den Lauch klein schneiden.

Das Olivenöl in einer beschichteten Pfanne bei mittlerer Hitze geben und warten, bis es eine richtige Aromablume verströmt. Jetzt die Zwiebel, das Kürbisfleisch und den Reis darin bei mittlerer

Hitze anbraten. Möhre, weiße Lauchringe, Brühe, Wein, Salz und Pfeffer zugeben und alles anbraten. Jetzt die Kürbiskerne in einer separaten Pfanne mit Olivenöl und dem Grünen des Lauchs anbraten.

Die Suppe pürieren, die Sahne untermischen und erhitzen. Sie darf nicht mehr kochen.

Suppe noch einmal mit Salz und Pfeffer würzen und mit gebratenem Kürbiskernen, dem Lauchgrün und Schnittlauch bestreut servieren.

Risotto an Gemüse

3/4 ltr. Gemüsebrühe,

1 Packung Suppengemüse,

1 Zwiebel

1 Bund Petersilie,

100 gr. geschlagene Sahne,

Salz, Pfeffer ,

50 gr. geriebenen Parmesan,

100 gr. Arborio-Reis .

Zunächst die Zwiebel klein hacken und schon mal in Olivenöl glasig werden lassen. Dann den Reis dazugeben und alles immer schön rühren und rühren und....ständig rühren.

Jetzt mit einem Teil des Gemüsefonds ablöschen, und Stück für Stück immer schön Brühe nachgießen. Mit Salz und Pfeffer würzen und das Risotto ca. 12 -15 Minuten kochen.

Das Suppengemüse klein schneiden und in Salzwasser lediglich

‚ankochen' (blanchieren). Ist zwar für alle am Anfang etwas gewöhnungsbedürftig, aber megagesund, weil die Vitamine weitgehend erhalten bleiben.

Das Gemüse dann zur Reispfanne dazugeben und die Petersilie untermischen, eventuell muss nachgewürzt werden.

Die geschlagene Sahne und den Parmesan zu allem dazu geben. Die Mühe hält sich bei diesem Gericht wegen der wenigen Zutaten und der 2 Töpfe in Grenzen und es schmeckt köstlich. Noch ein Tipp: Machen Sie Ihren kleinen Kindern das knackige (fast rohe) Gemüse schmackhaft, indem Sie laut ‚mmmhhh' sagen. Dann ‚lernen' kleine Kinder, das es lecker schmeckt. Ältere Kinder (MC....-Kinder) sind da schon schwieriger zu überzeugen.

Bananen-Basmati-Reis

200 gr. Basmati-Reis (z.B. die Lidl-Marke ‚Terney'),

2 reife Bananen (‚kurz vor Tigerbananen'),

1/2 Zitrone,

120 gr. Magerjoghurt,

1/4 TL. Pfeffer, Prise Zucker, Salz,

1/2 TL. Ingwer,

unbehandelte Zitrone.

Zitrone auspressen und zur Seite stellen. In einem Topf Olivenöl bei mittlerer Flamme erhitzen, bis es seine Aromablume entfaltet. Zucker, Ingwer, abgeraspelte Zitronenschale dazugeben und gut umrühren.

Jetzt den frisch gemahlenen Pfeffer und die Bananenscheiben dazugeben. Alles wenige Minuten leicht rösten.

Vom Herd nehmen, Joghurt, Zitronensaft und Salz dazugeben und nochmals umrühren; dabei sollten die Bananen ihre Form behalten. Duftreis nach Vorschrift zubereiten und mit der ‚Soße' zusammen anrichten: Ching, Chang, Chung.... . Es lebe Asien!

Kürbisrisotto

1 Stange Lauch,

1/2 ltr. Weißwein,

1/2 ltr. Gemüsebrühe,

1 Zwiebel,

Olivenöl (z.B. Luccese),

1 dickes Stück Ingwer,

2 Knoblauchzehen,

1 kleiner Kürbis von ca. 800 gr.,

400 gr. Arborio-Reis ,

frisch geriebener Parmesan.

Den Kürbis schälen und von den Innereien befreien. Sein Fleisch in Würfel von ca. 2 cm Kantenlänge schneiden. Lauch in feine Streifen schneiden. Die Zwiebel klein hacken und in Olivenöl (z.B. Luccese) glasig werden lassen.

Den Reis dazugeben. Immer wieder Brühe / Wein angießen. siehe Grundrezept. In einer extra Pfanne (die möglichst groß sein sollte) den Kürbis und den Lauch ebenfalls in Olivenöl (z.B. Luccese) anbraten. Den Ingwer fein hacken und dazugeben. Bevor alles anzubrennen droht, mit Wein ablöschen. Nach einer Viertelstunde ist der Kürbis gar. Abschmecken. Knoblauch! Wenn der Reis dann auch soweit ist, alles zusammenrühren und den Geschmack noch mit frisch geriebenem Parmesan abschmecken.

Risotto Orientale

250g Reis (Basmati: z.B. ‚Terney' von Lidl,)

2 sehr saure Äpfel (Granny oder Boskop),

¼ Zitrone,

50 gr. Rosinen,

1 Packet ‚Studentenfutter' mit verschiedenen Nüssen,

¼ ltr. trockener Weißwein,

1/2 TL. Kardamom,

1 TL. Koriander,

1 Stck Ingwer,

Zuerst muss der Reis wie schon vorher beschrieben gar gekocht werden. Jetzt werden die in kleine Stückchen geschnittenen Äpfel dazugegeben. Sie sollen garen, aber nicht anbrennen.

Wenn Flüssigkeit fehlt – Vino nachgießen... in das Gericht versteht sich!

Auf der Hälfte der Garzeit des Reis (siehe Packungsbeilage) Nüsse und Gewürze dazugeben. Je nach Laune noch mit Zimt und/ abschmecken. Passendes Getränk: Weißwein und passende Sitzhaltung: Schneidersitz:.... „Duuuuuu, kannst Duuuuu mir mal bitte den energetisch wertvollen, probiotischen Reis reichen...;-).

Risotto Feta

300 gr. Reis (Basmati: z.B. ‚Terney' von Lidl),
100 gr. Feta-Käse,
1 Zwiebel,
1 Stange Lauch,
1 ltr. Hühnerbrühe (Instant von Lidl)
1/4 ltr. Weißwein,
Olivenöl (z.B. Luccese),
schwarzer Pfeffer
1 EL. Tapenade (Paste aus schwarzen Oliven)

Die feingehackte Zwiebel in Olivenöl (z.B. Luccese) anschwitzen, Reis dazugeben mit der Brühe ablöschen. Rühren und immer wieder Brühe/ Wein dazugeben. Salzen. Die feingehackte Stange Lauch in einer extra Pfanne in Olivenöl (z.B. Luccese) anrösten und mit etwas Weißwein ablöschen.

Ist der Reis gar, dann den Lauch und den zerbröselten Käse dazugeben. Schwarzer Pfeffer nach Geschmack dazu. Erst ganz zum Schluss wird die Paste aus schwarzen Oliven untergerührt.

Tomatenrisotto

300 gr. Reis (Basmati: z.B. ‚Terney' von Lidl),
1 Dose Tomaten,
200 gr. Schafskäs,e
1 Zwiebel
2 Knoblauchzehen
1 ltr. Hühnerbrühe (Instant von Lidl)
1/4 ltr. Weißwein
Olivenöl (z.B. Luccese)
Tomatenmark
schwarzer Pfeffer

Die feingehackte Zwiebel in Olivenöl (z.B. Luccese) anschwitzen, Reis dazugeben mit Brühe ablöschen. Rühren und abwechselnd

Brühe/ Wein dazugeben und beides verkochen/vom Reis aufsaugen lassen. Die Tomaten in kleine Stücke schneiden, die Hälfte davon zum Reis geben. Salzen. Nun das Tomatenmark dazugeben.

Jetzt den Tomatenrest, den feingehackten Knoblauch und den Schafskäse dazugeben. Alles noch mit frisch gemahlenem Pfeffer abschmecken und servieren...Guten...!

Shrimps-Risotto

Für 2 Personen (Gourmands) oder 4 Personen (Gourmets)

1 Packung Shrimps,

1 Zwiebel,

1 Knoblauchzehe,

1,5 ltr. Hühnerbrühe (Instant :-)),

1/4 ltr. Weißwein,

Olivenöl (z.B. Luccese),

schwarzer Pfeffer,

300 gr. Arborio-Reis ,

1 Kräutermischung als Tiefkühlpackung oder Kräuterlinge, was da ist.

Vorab: Wenn ich oben so frech das Rezept für 2 Gourmands bzw. 4 Gourmets ausgebe, dann sehe ich in aller erster Linie mich selbst beim Risotto-**Fressen**.

Noch ein Tipp: Zum Risotto-Essen immer Gäste einladen, denn dann darf ein Gast das Rühren übernehmen.

Die 1,5 ltr. Hühnerbrühe zum sieden bringen. Die Zwiebel klein hacken und in Olivenöl (z.B. Luccese) anschwitzen, jetzt den Rundkornreis ungewaschen reingeben und ihn anbraten. Dabei (sollte der Gast) schon ständig rühren: als Ausgleich für den Flüssigkeitsverlust (‚Schwitzen'), dem Gast unbedingt schon ein Gläschen Wein reichen...wenn er brav rührt.

Dann den ersten Schuss Brühe in das Risotto geben und das so für die nächsten 20-30 Minuten weitermachen. Ca. 10 Minuten vor Ende der Kochzeit immer wieder probieren. Das Risotto sollte immer noch ‚al dente' bleiben. Das letzte Mal nicht mit Brühe sondern mit dem ¼ ltr. Weißwein ablöschen und weiterrühren, bis der aufgesogen ist.

Genau diese ‚letzte Aktion' mit dem Weißwein ablöschen verschafft dem geübten Risotto-Kocher ein wenig Luft, denn jetzt werden parallel die Shrimps/ Garnelen in einer kleinen Pfanne mit Olivenöl (z.B. Luccese) scharf anbraten, Knofi dazu und sie nach ca. 3-4 Minuten rausnehmen, wenn sie gar sind (kommt auf die Größe an!)

Shrimps und Kräuter(mischung) unter das Risotto mischen und pfeffern nach Belieben.

Dieses Delikatessen-Risotto vielleicht noch mit einem Kopfsalat und dem Küchenwein servieren.

Übrigens schmeckt mir *dieses* Risotto am nächsten Tag noch mal so gut, wenn es diesen erlebt, was ehrlich gesagt eher selten der Fall ist. Guten Appetit.

Risotto Duchesse

Für 2 Personen (Gourmands) oder 4 Personen (Gourmets)

ca. 150 gr. paprikagefüllte, grüne Oliven

½ Bund Frühlingszwiebeln

1 Knoblauchzehe

gut 0,5 ltr. Hühnerbrühe,

gut 0,5 ltr. Rinderbrühe,

1/4 ltr. Weißwein,

Olivenöl (z.B. Luccese);

schwarzer Pfeffer,

300 gr. Arborio-Reis ,

1 Kräutermischung als Tiefkühlpackung oder Kräuterlinge, was da ist.

Risotto wie im Grundrezept beschrieben zubereiten, doch als Bouillon/ Fonds hälftig Hühnerbrühe und hälftig Rinderbrühe verwenden. Als letzte gute Tat statt der Brühe den Weißwein untergeben und einziehen lassen. Das Risotto nach ca. 20 Minuten bissfest aus dem Topf nehmen und 1. verschiedene frische Kräuter und 2. gut 150 gr. paprikagefüllte, grüne Oliven kalt unterrühren und so lange rühren, bis sie die Temperatur des Reis haben. Jetzt noch abschließend mit Pfeffer abschmecken und fertig ist dieses einfache aber schmackhafte Menü. Bitte nicht salzen, weil die Brühe schon sehr salzig sind.

Fisch und Meeresfrüchte

5 Fisch und Meeresfrüchte

Curry-Seelachsfilet

700 gr. Seelachsfilet

250 gr. Kartoffeln

200 gr. Zwiebeln

200 gr. Sellerie

Olivenöl (z.B. Luccese)

40 gr. Mehl

1 EL. Currypulver (oder mehr)

0,3 ltr. Milch

Bund Petersilie

Zunächst die Seelachsfilets auftauen (geht in heißem Wasser in gut 10 Minuten) und dann zunächst gut abspülen und anschließend leicht säuern und salzen.

Kartoffeln zuerst aufsetzten und – je nach Größe- in ca. 20- 30 Minuten gar kochen und klein schneiden. Zwiebeln und Sellerie- ebenso klein schneiden.

In einer Pfanne Olivenöl (z.B. Luccese) erhitzen und zuerst die Seelachsfilets garen. Immer wieder wenden. Nun das Mehl, die Zwiebeln und den Sellerie dazugeben. Jetzt den Curry darüber streuen und ‚rührend' kurz anbraten lassen. Milch und etwas Wasser dazugeben.

Jetzt die Kartoffeln und den Fisch dazugeben und mit Salz und Pfeffer abschmecken. Alles in der Pfanne auf dem Tisch servieren. Es schmeckt genauso deftig, wie es sich anhört: Lecker!

Lorbeer-Thunfisch

Olivenöl (z.B. Luccese),

4 EL. Zitronensaft,

Salz, Pfeffer,

4 Thunfischsteaks,

20 Lorbeerblätter.

Thunfisch hat einen sehr ‚eigenen' Geschmack. Man muss es

mögen. Die Thunfischsteaks zunächst auftauen. Dann den Zitronensaft mit Salz und Pfeffer vermischen und die Steaks gute 4 Stunden im Kühlschrank in einem Gefrierbeutel in dem Zitronensaft mit den Lorbeerblättern marinieren.

Dann das Olivenöl (z.B. Luccese) in einer Pfanne erhitzen und den Thunfisch ca. 8 Minuten auf jeder Steakseite braten.

Sofort auf dem vorgewärmten Teller in der Marinade servieren.

Fisch naturell

4 Seelachsfilets,

½ Zitrone,

Petersilie,

3 Möhren,

Stange Lauch,

4 Tomaten,

Sellerie,

Olivenöl (z.B. Luccese),

Salz, Pfeffer.

Den Fisch bitte zunächst auftauen und mit Zitronensaft marinieren, und anschließend salzen und pfeffern.

Auflaufform mit Deckel mit Olivenöl (z.B. Luccese) ausstreichen und die zerkleinerten Möhrchen, Sellerie und den Lauch mit den zerkleinerten Tomaten auf den Boden des Topfes legen und den Fisch darüber geben.

Jetzt die Petersilie darüber streuen und den Fisch ca. 20 Minuten garen. Aus dem Topf nehmen und sofort auf die vorgewärmten Teller geben: Die Kartoffeln und der Fisch sollten richtig schön dampfen: Ein herrliches Essen für einen lauen Sommertag. Es ist nicht so schwer: Guten Appetit!

Chinesische Shrimps

500 gr. Shrimps,

200 gr. Basmati-Reis (z.B. ‚Terney' aus dem Lidl-Sortiment),

Tasse Hühnerbrühe,

3 EL. Ketchup,

3 TL. Sherry,

1 TL. Zucker,

1 grüne Paprikaschote,

2 Knoblauchzehen,

Olivenöl,

1 EL. Sojasoße,

Ingwer nach Geschmack.

Die Shrimps bitte zunächst auftauen. Dies dauert in heißem Wasser ca. 30 Minuten. Jetzt werden sie gut gewaschen.

Jetzt die Paprikaschote und den Konblauch klein schnibbeln und die Ingwerwurzel zunächst schälen und dann sehr fein schneiden.

Für die Soße den Ketchup mit Hühnerbrühe, dem Zucker, und dem Schuss Sherry verrühren.

Den Reis nach Packungsangabe fertig kochen.

In einer Pfanne das Olivenöl erhitzen und zuerst den gewürfelten Paprika und Knoblauch andünsten und wieder aus der Pfanne nehmen, weil sie sonst verbrennen.

Jetzt in dergleichen Pfanne die Shrimps mit den Ingwerraspeln anbraten, bis diese gar sind (ca. 3-4 Minuten pro Seite).

Jetzt die Shrimps mit Sherry ablöschen und alles noch mal aufkochen lassen. Jetzt die Soße dazugeben und so lange kochen, bis die Soße bindet. Das ganze sehr heiß auf vorgewärmten Tellern mit dem warmgestellten Basmati-Reis servieren.

Kräuter-Fisch in Alufolie

4 Seelachsfilets,

½ Zitrone,

Olivenöl (z.B. Luccese),

2 tiefgekühlte Kräutermischungen.

Die Fischfilets auftauen und mit Zitronensaft marinieren und salzen und pfeffern (Fisch immer säubern, säuern, salzen).

Anschliessend werden die Fischfilets einzeln in Alufolie eingepackt und es wird bitte je Fischfilet eine halbe Packung der Kräutermischung darüber gegeben. Die Alufolie längsseitig nach oben zusammenfalten und die Kurzseiten zusammenkniffen, sodass ein dichtes Packet entsteht. Das ist reine Übungssache...es ist noch kein Meister vom Himmel gefallen, gell!

In einer feuerfesten offenen Form bei 190 C ca. 19 Minuten garen und mit feinen Kartoffeln servieren. Der Fisch muss beim Öffnen des Packets quasi ‚von der Gräte fallen'. Guten...!

Fleisch und Geflügel

6 Fleisch und Geflügel

Schweinesteak mit Ingwer und Karotten

4 Schweinesteaks (oder Lidl-luxuriös: Schweinefilets),

2 Knoblauchzehen,

4 EL. trockener Sherry,

1 EL. Honig,

3 EL. Butter,

400 gr. Karotten,

1 Bund Frühlingszwiebeln,

¼ ltr. Gemüsebrühe,

Salz, Pfeffer,

1 kleine Ingwerwurzel,

4 EL. Sojasauce.

Knoblauch und Ingwer bitte zuerst schälen und dann jeweils in dünne Scheiben schneiden. Knoblauch, Ingwer, Sojasauce, Sherry, Honig und Pfeffer zu einer Marinade vermischen. Die Schweinesteaks (oder Schweinefilets) in eine Tüte geben und die Luft rauspressen, sodass die Steaks ganz von Marinade umgeben sind.

Im Kühlschrank mindestens 1 Stunde ziehen lassen; besser aber über Nacht, doch wer kocht schon immer so vorausschauend... ich fast nie! Den Ofen auf 80 Grad vorheizen und eine Platte mit wärmen.

Die Steaks aus der Marinade nehmen. Jetzt bitte die Gewürze vom Fleisch schaben und in die Marinade zurückgeben. Diese bereit halten. Die Steaks mit Salz und Pfeffer würzen und im heißen Olivenöl rundherum ca. 5 Minuten anbraten. Sofort auf die vorgewärmte Platte geben und im Ofen bei 90 Grad 11/2-1 3/4 Stunden nachgaren lassen.

Die Karotten und Frühlingszwiebeln klein schneiden und in einer Extrapfanne in Olivenöl andüns-

ten. Die Gemüsebrühe dazugeben. Alles 7-8 Minuten köcheln lassen. Zuletzt die Marinade beifügen und das Gemüse abschmecken. Die Steaks auf einem appetitlichen ‚Gemüseberg' anrichten.

Rinderbraten in Rotweinsauce

100 gr. Karotten,

50 gr. Sellerie,

150 gr. Zwiebeln,

¼ ltr. Rotwein, trocken,

¼ ltr. Instant-Rinderbrühe,

3 EL. Olivenöl (z.B. Luccese),

Salz , Pfeffer ,

1 kg. Rindfleischbraten gespickt,

Nelken nach Geschmack (können fehlen!)

Den Rinderbraten bitte zunächst mit Salz und Pfeffer ‚einreiben'. Öl in der Pfanne erhitzen und da Fleisch darin schön kross von beiden Seiten anbraten. Jetzt bitte das Fleisch aus dem Topf nehmen und die Karotten, den Sellerie und die Zwiebeln in dem Topfsud anbraten, sodass ihr Aroma in den Topfsud übergehen kann. Mit dem Rotwein ablöschen und alles etwas einkochen lassen.

Jetzt bitte den Rinderfonds dazugeben und den Braten wieder in den Topf zurückgeben. Ggf. die Nelken zugeben und zugedeckt 1-1/2 Stunden langsam simmern lassen. Die Sauce passieren, mit Salz und Pfeffer abschmecken, über das in Scheiben geschnittene Fleisch gießen: Eigentlich ein Herbst- und Wintergericht...schmeckt aber auch im Sommer.

Afrikanisches Fleisch-Gericht

1 kg. Puten oder -Hähnchenfleisch (z.B. ‚Landjunker' bei Lidl),

3 Zwiebeln,

3 Knoblauchzehen,

1 Tube Tomatenmark,

2 Dosen geschälte Tomaten,

1 ltr. Instant-Rinderbrühe,

Salz, Pfeffer,

1 Spritzer Tabasco.

Zwiebeln und Knoblauch klein schneiden und mit dem klein gehackten Fleisch zusammen anbraten. Jetzt das Tomatenmark dazu und die zwei Dosen Tomaten zugießen und alles zusammen noch gut 30 Minuten köcheln lassen. Zum Abschmecken mit Tabasco würzen: dazu reicht man Basmati-Reis (z.B. ‚Terney' von Lidl).

Bami

300 gr. Hack (z.B. Gut Frielingshof),

250 gr. Porree aus Suppengrün,

200 gr. Zwiebeln,

250 gr. Nudelnester,

grüne und rote Chilischoten nach gewünschter Schärfe,

250 gr. Gulasch (gemischt).

Das (kleingeschnittene) Fleisch in einem großen Bräter mit Olivenöl in Zwiebeln anbraten bis es fast gar ist. Zum Schluss den in Scheiben geschnittenen Porree mit andünsten. Mit Brühe ablöschen, so dass immer genügend Flüssigkeit da ist.

Alles zusammen mit den Chilischoten (Vorsicht: scharf) würzen. Die Nudeln nach Packungsangabe zubereiten, ‚abschrecken' und unter das Fleisch mischen.

Currygulasch

ca. 1 kg. Schweinefilets (Lidl-Sortiment)

7 EL. Olivenöl

3-4 Knoblauchzehen

3 EL. Curry,

1 Becher Sahne,

1 rote Paprika,

1 Zucchini,

200 gr. Zwiebeln,

5 EL. Sojasoße

Die Zwiebeln werden zusammen mit dem durchgepressten Knoblauch in Olivenöl angedünstet.

Aus dem Luxus-Schweinefilet werden jetzt kleine Gulaschstückchen geschnitten angebraten. Paprika und Zucchini klein schneiden und mit anbraten.

Jetzt den Curry nach Geschmack darüber streuen und Sojasoße zu gießen. Mit der Sahne wird ganz zum Schluss alles ‚gebunden'. Wer will kann mit Chilischoten ein Essen für Erwachsene daraus machen. Kinder meutern bei Chili oft.

Alles muss richtig schön durchziehen und schmeckt, wie so viele deftige Speisen, am nächsten Tag fast noch mal so gut.

Jägerschnitzel

2 Schweineschnitzel,

50 gr. Schinken (z.B. Abraham)

4 Zwiebeln,

200 gr. Champignons (Dose),

1 EL. Tomatenmark,

1 EL. kräftige Rinderbrühe (ruhig doppelte Instantmenge auf das Wasser geben)

Petersilie,

Pfeffer und Salz,

1 Prise Thymian,

Majoran,

Paniermehl.

Zunächst werden die aufgetauten Schweineschnitzel mit Ei bestrichen und schön in Panicrmehl gewendet. Jetzt die Schnitzel erst mal schön in Olivenöl anbraten, bis sie von beiden Seiten kross sind, aber bitte nicht verbrannt!

Die schon angebratenen und panierten Schweineschnitzel in eine Pfanne geben und 8-10 Minuten bei kleinerer Hitze weiterbraten, sodass sie langsam garen können, wobei die Pfanne dabei immer offen bleibt, damit die Panade nicht weich werde! Schnitzel aus der Pfanne nehmen und im Backofen heiß stellen (70-90 Grad).

In der Pfanne den kleingewürfelten Schinken und ca. 4 Zwiebeln (kleingeschnitten, logo!) andünsten und nun das Tomatenmark dazugeben. Jetzt die Champignons zugeben und ggf. Wasser oder Brühe aufgießen, damit nichts anbrennt. Mit Salz, frisch gemahlenem Pfeffer und Majoran und Thymian würzen. Mit Petersilie überstreuen und bitte heiß servieren...Guten....! Wer will, kann noch ein Zitronenviertel dazu reichen.

Jägertopf

ca. 1 kg. Schweinschnitzel,

1 Paket Scheibenkäse,

2 Stangen Lauch,

2 Dosen Champignons,

2 Scheiben Schinken (z.B. Abraham),

2 Zwiebeln,

3 Päckchen Soße für Jägerschnitzel (Knorr),

3 Becher Sahne.

Zunächst den Schinken in kleine Würfelchen und die Zwiebeln klein schneiden. Den Lauch in Ringe schneiden.

Fleisch mit Salz und Pfeffer würzen und noch eine Prise Muskat dazugeben. Jetzt den Scheibenkäse auf das rohe Fleisch geben und danach die Champignons dazu geben. Abschliessend die Schinken-Lauch-Zwiebel-Mischung dazugeben. Die Sahne mit dem Soßenpulver vermischen und auf das Fleisch gießen. Den Deckel auf den Bräter ‚druff' und allet bei 190 C für ca. 2 Std. in den Backofen.

Überbackene Käsekoteletts

1 Paket Scheibenkäse,

Paprikaschoten,

Kartoffeln,

Olivenöl

Koteletts

Koteletts von beiden Seiten in Olivenöl anbraten und in eine ‚eingeölt' Auflaufform geben. Auf jedes Kotelett kommt ein Scheibenkäse drauf und die Paprikaschote wird in Streifen geschnitten und darüber gegeben. Jetzt die vorgekochten Kartoffeln abschließend über alles geben. Alles in den vorgeheizten Backofen bei 180 Grad gut 20-25 Minuten braten.

Schweinefleisch mit Äpfeln

500 gr. Schweinesteaks

1 Knoblauchzehe oder mehr

2 Tassen Rinderbrühe (Instant)

6 Äpfel (süßlich-sauer: Cox Orange oder was da ist)

4 EL. Olivenöl (z.B. Luccese)

Salz

Die Schweinesteaks auftauen und in kleine Würfelchen schneiden. Jetzt in einer beschichteten Pfanne das gute Olivenöl erhitzen und das Fleisch schön anbraten. Jetzt den Knoblauch gepresst dazugeben und mit der Brühe alles ‚ablöschen'. Alles bei geschlossenem Deckel gut eine Stunde kochen lassen. Nach ca. 50 Minuten noch die kleingeschnittenen Äpfel dazugeben. Deftig und kräftig, aber so haben wir es ja gerne!

Königsberger Klopse

250 gr. gemischtes Hackfleisch (z.B. ‚Gut Frielingshof')

1 eingeweichtes Brötchen in Milch

1 Zwiebel,

1 TL. Senf,

2-3 TL. Kapern (‚Nonpareilles' aus dem Lidl-Sortiment)

1 Zitrone,

1 Ei,

Butter,

1 ltr. Gemüsebrühe (Instant),

3-4 knappe EL. Mehl,

1 Prise Zucker,

Salz, Pfeffer.

Das Hackfleisch mit dem eingeweichten Brötchen, dem Senf und dem Ei zu einer Masse verarbeiten. Ruhig mal richtig kneten, dass kann richtig Frust abbauen helfen.

Jetzt die vorher angedünstete Zwiebelstückchen unterheben. Alles bitte mit der Hand. Jetzt die Hände kurz unter kaltes Wasser und mit nasser Hand die Klöße in einen Topf mit der köchelnden (nicht kochenden) Brühe geben. Topf zudecken und mindestens 20 Minuten ziehen/garen lassen.

Jetzt das Mehl mit etwa 1/8 ltr. Milch verrühren. Nun kommen die Kapern, die der Soße ihren Pfiff geben sollen, hinein.

Langsam die Mehl-Milch-Soße in die Brühe geben. Mit den Gewürzen und dem Zitronensaft abschmecken. Soße über die Klöße geben und alles gut temperiert servieren. Dazu können Sie Salzkartoffeln reichen: Es ist ein einfaches und leckeres Gericht, dass ich regelrecht ‚verschlingen' könnte (Psst: Manchmal esse ich Königsberger Klopse für zwei!).

Marokkanische Fleischbällchen

1 Glas Reis,

500 gr. Rinderhackfleisch (z.B. ‚Gut Frielingshof')

2 Zwiebeln,

1 TL. Paprika,

1/2 TL. Pfeffer,

¾ ltr. klare Brühe,

4 EL. Butter

Saft von 1 Zitronen

1 Becher frisch gehackte Petersilie,

1 TL. gemahlener Safran (ist teuer: kann auch fehlen!),

1 TL. Zimt,

1 TL. Koriander.

In einer Schüssel Reis, Hackfleisch, Zimt, Koriander, Paprika vermischen und kleine Bällchen daraus formen. Die Zwiebeln schälen und in Würfel schneiden. In einer großen hohen Pfanne mit Deckel die Butter zerlassen und die Bällchen darin schön braun anbraten. Die Zwiebeln, Pfeffer und Safran zugeben. Die Brühe zugeben und ca. 35 Minuten zugedeckt kochen lassen. Die Petersilie und den Zitronensaft dazugeben und nochmals 5 Minuten köcheln lassen. Ausprobieren lohnt sich sehr. Die Fleischbällchen schmecken anderntags fast noch besser., wenn sie diesen erleben!

Für die Süßen: Eine Banane ca. 3 Minuten vor dem Ende der Garzeit in Stücke geschnitten mit in die Pfanne geben. Es gibt der Speise eine zusätzlich exotische Note.

Dazu passt sehr gut (Basmati)-Reis. Probieren Sie auch mal, die Gewürze zu verändern, z.B. mehr Paprika und Zimt: Schmeckt immer toll!

Mexikanisches Reisfleisch

500 gr. Rinderhackfleisch (z.B. ‚Gut Frielingshof'),
2 EL. Olivenöl,
2-3 Knoblauchzehen,
200 gr. Basmati-Reis (z.B. ‚Terney'),
2 Zwiebeln,
½ ltr. Rinderbrühe,
1 Bund Frühlingszwiebeln,
½ Bund Petersilie,
50 gr. grüne Oliven, mit Paprika gefüllt,
1 Paprikaschote,
Salz, Pfeffer.

Zunächst den Knoblauch und die Zwiebeln schälen und klein hacken. In einer beschichteten Pfanne mit dem guten Olivenöl andünsten. Jetzt den Reis dazugeben und mit anbraten. Die Brühe zum ablöschen verwenden und bei schwacher Hitze 15 - 20 Minuten köcheln lassen, bis der Reis gar ist.

Paprikaschote, Frühlingszwiebeln und Petersilie in Stückchen bzw. Ringe schneiden. Oliven in Scheiben schneiden oder ganz in das Reisfleisch, das ist ‚Geschmackssache'.

Jetzt den garen Reis in eine Schüssel geben und beiseite stellen. Wieder Olivenöl in dieselbe Pfanne geben und das Hackfleisch mit Pfeffer und Salz bei mittlerer Hitze unter gelegentlichen Rühren in etwa 10 Minuten darin anbraten. Jetzt den Reis mit dem Gemüse zu dem angebratenen Hackfleisch geben. Ohne Deckel unter Rühren etwa 5 Minuten erhitzen und schön mit Salz und Pfeffer, eventuell auch Paprika deftig nachwürzen.

Mediterraner Artischockeneintopf

200 gr. Schinken mit Speckrand (z.B. ‚Abraham')

200 gr. Kochschinken

200 gr. Kartoffeln

2 Bund Frühlingszwiebeln

2 Artischocken

Die Artischocken werden in vier Teile geschnitten und der Pelz am Fruchtfuß wird abgelöst. Jetzt die Artischocken beiseite legen.

In einem großen Bräter nun zuerst den kleingeschnittenen Schinkenspeck, den Kochschinken mit dem Olivenöl anbraten. Danach erst die kleingeschnittenen Frühlingszwiebeln dazugeben und davon nur den weißen Teil und jetzt die Kartoffeln ‚obenauf'.

Jetzt alles schon anschmoren lassen und die Brühe und den Weißwein dazugeben. Abschliessend natürlich noch die Artischockenviertel ‚reinpacken' und alles ca. 35 Minuten bei mittlerer Hitze kochen lassen. Dazu passt wunderbar ein trockener Weißwein, den Sie ja sowieso schon offen haben (;-)) und eine Stange frisches Baguette oder anderes Weißbrot.

Rindfleisch-Eintopf "süßsauer"

250 gr. Champignons

80 gr. Auster-Pilze

1 Zwiebel

4 EL. Olivenöl

2 EL. Tomatenmark

1 ltr. Instant-Rinderbrühe

250 gr. Lauch

400 gr. Kartoffeln

50 gr. Mehl

Salz, Pfeffer,

1 rote Chilischote

500 gr. Rindfleisch (aus der Keule; im Stück: nicht preiswert!)

Dies ist wegen des Rindfleischs ein Festtagsbraten, den ich mir auch nur hin und wieder gönne. Das Fleisch wird in kleine Stückchen geschnitten genauso wie die Champignons, Zwiebeln und Austerpilze.

Das Olivenöl auf mittlerer Stufe schön erhitzen, bis es seine Aromablume entfalten kann. Fleisch dann anbraten und herausnehmen. Pilze und Zwiebeln kurz anbraten und das Fleisch wieder dazugeben und zur Geschmacksintensivierung das Tomatenmark unterrühren und alles mit der Brühe ablöschen: alles zugedeckt ca. 1-1/2 Stunden köcheln lassen, je nachdem wie man Rindfleisch mag. Ich mag es ganz gar.

Zubereitungszeit 2-2¼ Stunden. Gut 15 Minuten vor dem Ende der Garzeit die Kartoffeln geschält und klein geschnitten dazu geben. Jetzt noch mit Salz und Pfeffer abschmecken: Fertig: Guten....!

Rouladen

200 gr. Schinkenspeck,

3-4 Zwiebeln,

scharfer Senf,

Soßenbinder,

Soße für Jägerschnitzel (Knorr),

Rinderrouladen.

Zuerst die Rouladen mit scharfem Senf bestreichen. Jetzt soviel von dem kleingeschnittenen Schinkenspeck und den kleingeschnittenen Zwiebeln auf die Rouladen geben, dass man sie noch zukriegt! Alles mit Kochbindfäden oder Holzspießchen verschließen. Jetzt die Rouladen scharf anbraten und Anschließend die Jägersoße in die Pfanne dazugeben. Jetzt den Herd auf die kleinste Stufe stellen (1/2) und alles 2 Stunden simmern lassen. Dabei die Rouladen alle 30-

40 Minuten wenden. Zum Schluss, in der letzten halben Stunde, kann man die Herdstufe noch mal erhöhen. Aber aufpassen, dass nichts anbrennt! Beilagen nach Wahl, z.B. Sauerkraut, aber auch Kartoffeln kommen gut an.

Schnitzel Hawaii

4 Schweineschnitzel,

1 Packung Käsescheibletten

1 Packung Kochschinken

1 Dose Ananas

1 Dose Champignons,

Sahne,

Zwiebeln,

Paprika,

Salz, Pfeffer,

Cheyenne.

Die Schnitzel wie gewohnt mit Olivenöl oder neutralem Öl in einer beschichteten Pfanne anbraten und schon in der Pfanne salzen, pfeffern und mit Paprika bestreuen. Jetzt die Schnitzel aus der Pfanne nehmen und in eine feuerfeste Auflaufform geben. Auf jedes Schnitzel den Kochschinken und ca. 30 Minuten bei 180 Grad in den Backofen. Noch mal 5 Minuten mit den Ananasringen obendrauf und die Champignons und Zwiebeln dazu und alles mit Sahne übergießen. Bitte daneben stehen bleiben, damit nichts anbrennt!

Schweinefilets Nizza

500 gr. Schweinefilet oder Schweineschnitzel alternativ: Rind,

4 EL. Olivenöl,

350 gr. Broccoli (frisch od. tiefgefroren)

3 EL. Senf,

200 gr. Möhren,

1 Stück Lauch,

1 Becher Crème fraîche,

1 Becher Sahne,

200 gr. geriebener Gouda,

Salz, Pfeffer.

Zunächst das Fleisch in einer beschichteten Pfanne in Olivenöl anbraten und schon in der Pfanne mit Salz und Pfeffer würzen. Beiseite stellen.

Den Broccoli ca. 10 Minuten in Salzwasser, die Möhren als Stifte immer um die 7 Minuten und den Lauch kurz (4 Minuten) andünsten damit alles seine Vitamine erhält (blanchieren). Achtung: Gesundes, blanchiertes Gemüse ist Geschmackssache, und Sie sollten ihre Familie ‚vorbereiten'.

Jetzt alles in eine feuerfeste Form geben. Crème fraîche, Sahne und Käse miteinander vermischen und alles über das Fleisch und das Gemüse in der Form geben. Bei 190 C ca. 30 Minuten in den Backofen geben. Lässt sich prima vorbereiten, wenn Gäste kommen! Und schmeckt wirklich suupergeniaal. Bei Diätprogrammen können Sahne und Créme Fraîche immer gegen Magermilch ersetzt werden. Schmeckt aber leider nicht so gut. Dann auch bitte das Öl ganz sparsam einsetzten.

Schnitzel Savoy

4 Schweine- oder Putenschnitzel (z.B. ‚Gut Frielingshof'),
1 Dose Champions,
1 Becher Sahne,
1 Dose Tomaten,
4 Scheibletten Käse,
Paprika,
Salz, Pfeffer.

Die Schnitzel mit Salz und Pfeffer schön einreiben und in eine feuerfeste Auflaufform geben. Jetzt die Champignons dazu geben und alles mit Sahne übergießen. Tomatenscheiben und Käse darüber. Im vorgeheizten Ofen ca. 60 Minuten bei 190 Grad backen.

Fleisch(ein)topf

1 Dose Champignons,
2 rote Paprika,
2 große Zucchini,
2 Zwiebeln,
4 Tomaten,
2 EL. Tomatenmark,
2-3 Knoblauchzehen,
1 Becher Crème fraîche,
4 Scheibletten Käse,
500 gr. Rindfleisch (Gulasch).

Das Fleisch wird in einem großen Bräter scharf angebraten. Jetzt in den Bräter salzen und pfeffern und gut 1 ½ Stunden schmoren lassen auf niedriger Kochstufe.

Kurz von Ende der Bratzeit des Gulasch die Zwiebeln in einem zweiten Topf in Olivenöl andünsten und die das kleingeschnittene Gemüse (Zucchini, Paprikaschoten) knappe 8 Minuten dünsten. Jetzt zuerst mit der Creme fraiche

‚ablöschen' und dann das Tomatenmark einrühren. Jetzt alles zusammen in den Fleischbräter füllen und abschließen eventuell nachwürzen: Käsescheibletten noch drüber und für knappe 10 Minuten in den Backofen: Fertig....Guten!

Hähnchen Cox Orange

1 Hähnchen (z.B. ‚Landjunker'),

40 gr. Butter

2 säuerliche Äpfel (z. B. Cox Orange),

750 gr. Kartoffeln,

5 EL. Apfelsaft,

Salz, Pfeffer,

2 Bund Radieschen.

Die Radieschen zunächst klein schneiden und mit Butter und Salz und Pfeffer zu einer Creme verrühren. Diese Creme vorsichtig innen und außen auf dem Hähnchen verteilen.

Jetzt die entkernten Äpfel schälen und in Scheiben schneiden und diese in das Hähnchen füllen. Jetzt alles zusammen mit geschälten und gewürfelten Kartoffeln in einen eingefetteten Bräter geben.

Bei 190 Grad knappe 60 Minuten im Backofen braten. Wenn es

schon schön angebraten ist, es noch mit dem Apfelsaft überpinseln und *danach* salzen und noch mal gute 40 Minuten braten. Statt des Apfelsaftes kann man auch Zitronensaft nehmen. Einfach mal beides abwechselnd probieren.

Hähnchen Chinesisch

1 Hähnchen,

40 gr. Butter,

2 Dosen Ananas,

200 gr. Basmati-Reis (z.B. ‚Terney' aus dem Lidl Sortiment),

5 EL Zitronensaft,

Salz, Pfeffer,

1 unbehandelte Zitrone.

Die Ananasringe in kleine Stückchen schneiden und diese innen und außen auf dem Hähnchen verteilen. Jetzt die unbehandelte Zitrone fein schälen und die Schale wegstellen für später. Die Zitrone mit einer Gabel rundrum einstechen und in das ‚Hähnchen' legen. Jetzt wird es mit Spießchen fest ‚verschnürt'.

Jetzt alles zusammen in einen eingefetteten Bräter geben.

Bei 190 Grad knappe 60 Minuten im Backofen braten. Wenn es schon schön angebraten ist, es noch mit dem Zitronensaft überpinseln und *danach* salzen und noch mal gute 40 Minuten braten. 15 Minuten vor dem Ende dieser ‚2. Halbzeit' die Zitronenschalen kleingeschnitten über das Hähnchen und in die brutzelnde Soße geben. Dazu passt hervorragend der leckere Basmati-Reis aus dem Lidl-Sortiment. Er sollte auch 15 Minuten vor dem Ende aufgesetzt werden (Packungsangaben beachten). Wie immer wünsche ich Ihnen: Guten...!"

Hähnchen in Joghurtsoße

1 Hähnchen,

25 gr. Butter;

1/2 ltr. Instant-Brühe

1 große Salatgurke,

1 Becher Magerjoghurt,

2 grüne Paprikaschoten,

1 Soße für Jägerschnitzel (Knorr) aus dem Lidl-Sortiment,

1 Prise Zucker,

Salz, Pfeffer,

Basilikum,

1 Bund Dill gehackt.

Das aufgetaute Hänchen wird zunächst entlang der Gelenkknochen in vier Teile ‚zerlegt'. Die Gurke schälen und klein schneiden. Die Paprikaschoten werden entkernt und kleingeschnitten. Jetzt alles zusammen mit der Instant-Brühe zusammen andünsten. Alles zusammen knappe 40 Minuten zusammen köcheln lassen. Immer wieder- wenn nötig- Brühe nachgießen.

Abschliessend den Joghurt und die Instant-Jägersoße einrühren und einen Hauch Zucker dazugeben. Zum Abschluss Hähnchen ‚an' Gemüse in der Joghurtsoße mit dem frischen Dill bestreuen.

Hähnchenbrust Duchesse I

ca. 700 gr. Hähnchenbrustfilet (z.B. ‚Landjunker'),
2 EL. Butter,
1 EL. Olivenöl,
1 Zwiebel,
1 Knoblauchzehe,
3 EL. Senf,
¼ ltr. trockener Weißwein,
200 gr. Sahne,
Zitronensaft,
Salz, Pfeffer,
1 Kästchen Kresse

Die Hähnchenbrustfilets werden in einer beschichteten Pfanne mit 1 EL. Butter und Öl angebraten. Jetzt ruhig schon in die Pfanne salzen und pfeffern.

Nun werden die Hähnchenbrustfilets erst mal herausgenommen und beiseite gelegt.

Die Zwiebeln und den Knoblauch klein schneiden und schön andünsten. Jetzt den Senf dazugeben und mit Wein ablöschen. Alles zusammen reduzieren (einkochen) lassen und nach 10 Minuten die Sahne dazugeben. Noch mal 8 Minuten köcheln lassen und mit Salz und Pfeffer und dem Zitronensaft abschmecken. Hähnchenfilets dazugeben und bei kleiner Hitze ein paar Minuten durchkochen lassen. Jetzt abschließend mit der frischen Kresse bestreuen. Extrem lecker! Dazu gibt es Salzkartoffeln mit ‚Schnittlauchhaube'. Dazu den trockenen Weißwein kredenzen, den Sie doch sowieso schon offen haben, oder? Guten....!

Hähnchenbrust Duchesse II

ca. 700 gr. Hähnchenbrustfilet (z.B. ‚Landjunker'),
2 EL. Butter,
1 Zwiebel,
1 Knoblauchzehe,
1 EL. Olivenöl,
Aceto Balsamico (aus dem Lidl-Sortiment...wunderbar!)
200 gr. Sahne,
etwas Zitronensaft,
250 gr. Basmati-Reis,
Pfeffer.

Die Hähnchenbrustfilets werden in einer beschichteten Pfanne mit 1 EL. Butter und Öl angebraten. Jetzt ruhig schon in die Pfanne salzen und pfeffern.

Nun werden die Hähnchenbrustfilets erst mal herausgenommen und beiseite gelegt.

Die Zwiebeln und den Knoblauch klein schneiden und schön andünsten und mit einem kräftigen Schuss Aceto Balsamico ablöschen.

Inzwischen den Reis vorbereiten und nach Packungsangabe kochen.

Nun mit der Sahne die Zwiebel-Knoblauch-Aceto-Balsamico-Soße ablöschen und alles zusammen noch mal kurz aufkochen lassen und das vorher beiseite gestellte Hähnchenfleisch dazugeben. Alles noch mal durchziehen lassen und mit dem Basmati-Reis auf dem Teller anrichten.

Hähnchen „asiatisch“

500 gr. Hähnchenbrustfilet (z.B. ‚Landjunker'),

3 EL Olivenöl (z.B. Luccese),

2 Knoblauchzehen,

2 Lauchstangen,

¼ ltr. Hühnerbrühe,

Curry,

Prise Zucker,

200 gr. Basmati-Reis (z.B. ‚Terney'),

Sojasoße,

getrocknete Aprikosen,

Prise Zimt.

Die aufgetauten Hähnchenbrustfilets werden in Sojasoße mariniert. Dann Olivenöl (z.B. Luccese) in der Pfanne erhitzen und zuerst die marinierten Hähnchenbrüste dazugeben und schön scharf anbraten. Jetzt den durchgepressten Knoblauch dazu, und bitte nur die eine Zehe auf diese Menge, sonst schmeckt alles nach Knoblauch.

Nun werden die Lauchstangen in Scheiben in das ‚Gemenge' gegeben und die getrockneten Aprikosen hinterher. Nun wird mit der Hühnerbrühe abgelöscht.

Gut 25 Minuten später sollten die Hähnchenbrustfilets gar sein. Abschliessend wird in die Pfanne mit Zucker und Zimt und dem Curry abgeschmeckt und alles sofort urig in der Pfanne auf dem Tisch servieren. *Bitte nicht nachsalzen, denn die Sojasoße ist schon sehr salzig.*

Dazu passt ein einfacher roter Tafelwein mit einem kräftigen Geschmack und Basmati-Reis, wenn Sie mögen. Das Ganze schmeckt, wie so oft, am nächsten Tag noch mal so gut, wenn dann noch was da ist ☺.

Na(s)chspeisen

7 Na(s)chspeisen

Für meine Nachspeisen gilt in der Regel eine maximale Vorbereitungszeit von ca. 30 Minuten, wobei auch einige Nachspeisen darunter sind, die deutlich schneller von der Hand gehen und den Gästen aber nicht weniger munden. Deshalb fange ich auch in dieser Rezeptesammlung ganz einfach an.

Damit scheiden aufwendige Torten und ‚Kuchentürme' die eine Domäne der von mir bewunderten Konditoren sind, für mich jedenfalls aus. Das ist wirklich was für Profis oder Leute, die allein für einen Kuchen als Nachspeise mindestens 2 Stunden in der Küche stehen: Diese Zeit habe ich oft nicht und viele andere Lidl-Fans meines Wissens auch nicht. (z.B. gilt für den von mir geliebten, aber erst 1 (in Worten: ein!) mal selbstgemachten ‚Frankfurter Kranz' die Devise: Für Einkauf, Vorbereiten und Backen bitte einen halben Tag frei nehmen!)

So ist doch z.B. ein richtiger guter Kaiserschmarrn etwas ganz Wunderbares, gerade, wenn er mit heißen Pflaumen und ggf. mit Vanillesoße gereicht wird.

Überhaupt freue ich mich oft schon während der Vorspeise auf die Nachspeise, denn ich bin jemand, der sich *ausschließlich* von Nachspeisen ernähren könnte, wenn das ‚ernährungsmäßig-figürlich' nicht so fragwürdig wäre, meine lieben Lidl-Fans... Hüftengold ahoi!

Erdbeer-Quarck-Speise Duchesse

400 gr. Quarck (3, 20 40 %, je nach Geschmack und ‚Diätphase': Abspecken oder gerade wieder Jojo-Phase)

2 Erdbeerschälchen a 500 gr.

2 Pk. Vanillezucker

Himbeersirup (im Sommersortiment von Lidl!) oder Zucker

Saft einer ½ Zitrone .

Dies ist eine ganz einfach Nachspeise, die allein in der farblichen Zusammenstellung toll aussieht und super schmeckt.

Die Erdbeeren werden vom Grün befreit und gewaschen. Danach im Mixer klein gehackt, bis Erdbeersauce übrig ist. Jetzt den Vanillezucker und den Sirup oder Zucker mit dem Zitronensaft nach Geschmack dazu.

Den Quark auf einen tiefen weissen Teller umstürzen und die Erdbeersauce darum geben. Man kann noch mit Minze dekorieren oder Puderzucker, wenn vorhanden. Dabei können Kinder helfen und sich ‚austoben'. Einfach mal verschiedene ‚Deko-Ideen' ausprobieren, es lohnt sich: z.B. mit Krokantstreuseln oder Schokostreuseln dekorieren.

Affenjause

Dieses Rezept wird von mir auch als Parlaments-Dessert bezeichnet:

4 Bananen ,

6 EL. Müsli ,

1/2 Becher Joghurt.

Die Bananen nehmen und in Scheiben schneiden. 6 EL. Müsli in eine kleine Schüssel. (TIPP1 : mit Schokomüsli schmeckt es am besten!) geben. Bananen mit dem

Müsli vermischen und einen halben Becher Joghurt dazu geben. Dieses Rezept ist so einfach, dass es ruhig die kleinen Helfer in der Küche übernehmen können. Immer erst mal anleiten und dann die Kinder probieren lassen. Tipp 2: Auf alles kann auch geschlagene Sahne gegeben werden. Die Sahne zu quirlen und immer wieder zu probieren macht Kindern einen riesen Spass!

Ananas-Splitt

1 Dose Ananas,

1 Becher Sahne,

Zucker,

1 Paket Vanilleeis (das von Lidl schmeckt göttlich!!)

Schokoladensplitter.

Ananasringe aus der Dose und jeweils einen Ring in einen Dessertbecher geben und jeweils Vanille-Eis-Kugeln darüber geben. Zum Schluss kommt die Sahne drauf, die mit Schokoladensplittern oder Krokantsplittern dekoriert werden kann: Fertig...Genießen (Essen) bitte nicht vergessen!

Bananen-Dessert

4 Bananen,

1 EL. Butter,

4 TL. Zucker,

1 Becher Sahne,

Mandelblättchen *zum Bestreuen oder:* **Haselnuss** *oder: Schokostreusel und/oder* **Schokoladensoße.**

Die Bananen schälen und halbieren und mit Butter bestreichen und danach mit dem Zucker bestreuen.

Die Bananenhälften auf ein gefettetes Backblech legen und im vorgeheizten Backofen bei 190° Grad ca.10 Minuten backen. Die fertige

Banane auf einen Teller geben. Jetzt kann noch Sahne oder eine Schokoladensoße oder.... drüber. Probieren Sie doch einfach und variieren Sie.

Bratäpfel mit Mandel-Zimt-Haube

4 große Äpfel,

4 Stück Schokolade,

1 TL. Zimt,

4 TL. Aprikosenmarmelade (der gute Gourmetaufstrich ‚Marlene' von Lidl),

2 EL. Zucker,

2 Eiweiß,

4 EL. gemahlene Mandeln.

Zunächst mit einem Küchenmixer das Eiweiß steif schlagen und jetzt den Zucker und den Zimt sowie die Mandeln vorsichtig unterheben.

Nun die Äpfel entkernen und mit der leckeren Aprikosenmarmelade und der Schokolade füllen. Jetzt eine Eischneehaube auf jeden Apfel setzen und im Backofen bei 150 Grad ca. 25 Minuten backen. Immer mal wieder in den Ofen gucken, ob die Eischneehaube auch nicht ‚kokelt'. Das schmeckt sch...lecht.

Mousse au Chocolat

2 Eigelb,

2 EL. Zucker,

100g Schokolade,

2 Eiweiß,

1Becher Sahne,

1 unbehandelte Orange,

Schokostreusel.

Hallo... hallo: Die Diät kann auch morgen noch gemacht werden. Das gezuckerte Eigelb mit der Schale der unbehandelten Orange schön vermischen, es sollte richtig cremig sein. In einem separaten Topf wird jetzt die Schokolade

mit dem Orangensaft erwärmt bzw. geschmolzen.

Nun die Eigelb-Zucker-Mischung unter die Schokolade heben. Wenn alles erkaltet ist, wird der Eischnee und die Sahne darunter gehoben und alles wird sofort für mindestens 4 Stunden kaltgestellt.

Wer will, kann jetzt noch mit Schokostreuseln garnieren. Halten Sie sich bitte ‚einen Kurzen' nach dem Essen als Verdauungshilfe bereit, denn dass Mousse ist schwer.

Pfannkuchen-Bananen-Schokocreme-Rolle

4 Eier,

8 EL. Zucker,

8 EL. Mehl,

Milch,

2 Bananen,

Schokocreme,

Butter.

Zunächst werden Eier, Mehl und Zucker zusammen in einer Schüssel zum Pfannkuchenteig verrührt. Jetzt wird dem Ganzen Milch zugegeben, bis der Pfannkuchenteig flüssig ist.

In eine beschichtete Pfanne nun etwas Butter geben und jeweils eine Kelle von dem Pfannkuchenteig einfüllen. Wenn der Pfannkuchen fertig ist, Schokocreme auf den Pfannkuchen streichen und eine halbe Banane in die Mitte des Pfannkuchens legen und einrollen. Voilá! Bonne appetite!

Pflaumenkompott mit Zimt-Sahne

1kg Pflaumen frisch oder im Glas,

Zucker,

1 Becher Sahne,

1 TL. Zimt oder mehr.

Die frischen Pflaumen entsteinen oder entsteinte im Glas kaufen. Jetzt gut 30 Minuten bei kleiner Flamme in einem Topf köcheln lassen. Sahne schlagen und den Zimt darüber geben. Dieses einfache Dessert schön in Dessertschalen anrichten und über die Sahne noch mal eine Ladung Zimt geben: Das Auge isst mit.

Zwetschgentaschen (Powiderl)

Teig:

1/2 kg. mehlige Kartoffeln,

150 gr. Mehl,

2 EL. Sahne,

90 gr. Butter,

2 Eier,

Prise Salz.

Zutaten:

Zwetschgenmarmelade,

Butter,

1 Glas Pflaumenkompott,

Puderzucker

8 EL. Semmelbrösel,

Die Kartoffeln werden gekocht und geschält. Jetzt werden sie durch eine Kartoffelpresse passiert (durchgedrückt) und mit dem Mehl, den Eiern und der Butter zu einem Teig verrührt. Dazu immer eine Prise Salz geben, denn das ‚hebt' den Geschmack. Der Teig wird nun ausgerollt (vorher das

Brett bitte gründlich einmehlen) und mit einem Glas werden kleine Teigrunde ausgestochen. Jetzt die Teigrunde mit Zwetschgenmarmelade füllen und ringsrum mit Eigelb einstreichen: dabei die Ränder fest zusammendrücken.

Jetzt die Taschen gut 10 Minuten in kochendem Salzwasser ziehen lassen. Herausnehmen und mit Puderzucker bestreuen. Dazu ggf. Pflaumenkompott reichen. Guten...! Ich habe mich mit diesem Gericht mal in Kietzbühel so vollgefressen, das ich dachte, ich platze...an das Skifahren war gar nicht mehr zu denken, denn dann sollte man sich ja bewegen können, oder?

Vanillecreme

30 gr. Vanillepuddingpulver,

½ ltr. Milch,

1 Prise Salz,

2 EL. Zucker,

2 Eier.

Zunächst wird das fertige Puddingpulver mit wenigen EL kalter Milch angerührt.

In die restliche Milch, die inzwischen auf dem Herd zum Kochen gebracht wurde, nun das angerührte Puddingpulver und die Eigelbe hineingeben und unter Rühren kurz aufkochen lassen. Mit Zucker abschmecken.

Abschliessend das Eiweiß steif schlagen und unter den Pudding heben. Tipp: Mit Sahnehäubchen garnieren, wenn Sie wollen. Guten….!

Tiramisu

100g Zucker,

4 Eigelb,

2 Eiweiß,

2 Tassen starken Kaffee,

Kakaopulver,

500g Mascarpone,

1 Paket Löffelbiscuits,

2 Schnapsgläser Amaretto.

Der Klassiker selbstgemacht, der immer alle vom Hocker haut.

Mascarpone, Eigelb Amaretto und Zucker in eine Schüssel geben und vermischen. Eiweiß jetzt schaumig schlagen (nicht steif!)und unter die anderen Zutaten geben.

Jetzt den starken Kaffee kochen, der Tote auferweckt und abkühlen lassen. Den Löffelbiscuit darin einlegen und in eine Auflaufform legen. Jetzt die Mascarpone-Creme drauf schichten und ab damit für mindestens einen vollen Tag in den Kühlschrank. Vor dem Servieren bitte Kakaopulver darüber streuen. Guten .....!

Vorarlberger Riebelgrieß

½ ltr. Milch,

30 gr. Butter,

2 EL. Zucker,

300g Weizengrieß

Ouf d'Alm doo gibs koi Sünd net: in diesem Sinne bitte zunächst die Milch in einem Topf erhitzen. Bitte bei Milch immer daneben stehen bleiben, denn sonst geht's daneben. Den Grieß nun einrühren und ca. 30 Minuten zugedeckt auskühlen lassen.

Jetzt Butter in einer beschichteten Pfanne erhitzen und den Grieß hineingeben und knusprig rösten und wenden. Mit Apfelmus oder Apfelkompott servieren. Schmeckt so gut, wie es einfach

ist....ist ja oft so! Wer will, kann auch noch Zimt darüber streuen!

Quarkbällchen

1/2 kg. Quark,(3,20 oder 40 % mit Fett, je nach Diätphase: Abspecken oder schon wieder Jojo),

4 EL. Mehl,

4 EL. Panniermehl,

Butter,

4 EL. Weizengrieß.

„Austriche….douze points":

Alles in eine Schüssel geben und vermischen. Die fertige Masse 45 Minuten in den Kühlschrank stellen.

Jetzt aus der Masse kleine Bällchen formen und sie in leicht kochendem Wasser 15 Minuten lang ziehen lassen.

Das Panniermehl in einer beschichteten Pfanne mit Butter schön anrösten und die gekochten Bällchen darin einwälzen. Zucker drüber geben nach Diätplan. Apfelmuss dazu und Sie und ihre Gäste werden vor Wonne vergehen!

Kaiserschmarrn á la Schorsch

1/8 ltr. Milch,

4 Eier,

1 Prise Salz,

5 EL. Mehl,

Rosinen,

Butter oder Margarine zum Braten,

selbstgemachte Weinsoße (siehe Seite 123).

Alle Zutaten gut miteinander verrühren, Teig in der Pfanne mit heißem Fett anbacken.

Der Teig muss dick in der Pfanne sein und ist mit den daruntergerührten Rosinen durchsetzt.
Wenden und mit zwei Gabeln in Stücke zerteilen.

Jetzt wird der Kaiserschmarrn schön mittig auf einem Teller serviert und mit warmer Weinsauce (siehe unten) angerichtet: Köstliche Nachspeise, die auch eine kindergeliebtes Hauptgericht sein kann, wenn man die Weinsauce durch Vanillesauce ersetzt: Ich könnt' mich tot dran essen!

Apfelpfannkuchen

5 Eier,

3 große Äpfel (Cox Orange),

140 gr. Mehl,

½ ltr. Milch,

Butter,

Zimt und Zucker.

Der Teig:

Eier mit der Milch und dem Zucker vermengen und das Mehl nach und nach unterrühren. Die geschälten und geviertelten Äpfel nun auf den Pfannkuchen geben und in der Pfanne wenden.

Abschliessend noch mit Zimt und Zucker bestreuen.

Sauerrahm-creme/Joghurtcreme

250g Joghurt,

250g Zucker,

Zitrone,

500 gr. Sahne,

5 Blatt Gelatine.

Zunächst bitte das Joghurt mit dem Zucker und dem Zitronensaft vermischen und die Gelatine nach Packungsangabe einweichen und die Sahne steif schlagen.

Nun die Gelatine unter die Joghurtmischung rühren und abschließend die steif geschlagene Sahne unterheben. Alles für mehrere Stunden im Kühlschrank kalt stellen, damit es die gewünschte Konsistenz bekommt.

Lässt sich mit frischen Früchten der Saison aus dem reichhaltigen Lidl-Angebot kombinieren.

Panna Cotta

300 ml Schlagsahne,

30 gr. Zucker,

2 Pakete Vanillezucker,

200 gr. Mascarpone,

1 Tl Orangenschale (unbehandelte Orange),

3 Blatt Gelatine.

Zuerst bitte die Gelatine einweichen. Sahne, Zucker, Vanillezucker aufkochen lassen und die ausgedrückte Gelatine darin auflösen und alles abkühlen lassen. Jetzt bitten den Mascarpone mit der Orangenschale verrühren und unter die abgekühlte Vanillesahne heben. Jetzt in kleine Dessertgläschen füllen und mindestens 24 Stunden in den Kühlschrank stellen.

Vanillecreme Karamel

500 ml Sahne,

1 Paket Vanillezucker,

5 Eigelb,

ggf. für Süßmäuler 1 EL. Zucker.

Zuerst bitte die Sahne in einen Topf schütten und langsam auf kleiner Flamme erhitzen. Jetzt die Hälfte des Zuckers unter die Eigelbe geben und den Vanillezucker darunter rühren.

Jetzt die erhitzte Sahne zum Ei dazu geben und im Ofen bei 150 Grad 25 Minuten backen. Jetzt den übrigen Zucker über die Masse geben und in den Ofen zum karamelisieren stellen, bis eine Karamellhaube entsteht. Alles kühl stellen.

Bayerische Creme

1/4 ltr. Milch,

50 gr. Zucker,

3 Pakete Vanillezucker,

7 Blatt Gelatine,

1/4 ltr. Schlagsahne.

Die Milch mit dem (Vanille)-Zucker verrühren und alles aufkochen. Nun bitte die aufgewärmte Milch zu den Eigelben geben. Jetzt die in Wasser aufgelöste Gelatine unterrühren und durch ein feines Sieb passieren. Alles muss leider kalt gerührt werden. Abschliessend die geschlagene Sahne unterheben.

Ananas Louis XIV

1 Dose Ananas,

100 ml Milch,

2 Eier,

2 Pakete Vanillezucker,

100 gr. Mehl,

250 gr. Schlagsahne,

6 EL. Eierlikör.

Die Ananas-Ringe zunächst bitte aus der Dose nehmen und gut abtropfen lassen. Für den Teig die Eier, die Milch, den Vanillezucker und das Mehl verrühren.

Jetzt bitte die Butter oder ein Bratöl in einem hochwandigen Topf geben und die Ananasscheiben in den Teig tunken und etwa 3 Minuten frittieren. Die Sahne steif schlagen und bitte mit dem Eierlikör vermischen. Nun die Eierlikör-Sahne über die Ananas-Scheiben geben und alles zusam-

men schön temperiert, nicht heiß, servieren.

Ananas Romanoff

1 Dose Ananas,

3 EL. Puderzucker,

3 EL. Rum,

200 gr. Süße Sahne,

3 EL. Kirschwasser,

3 EL. Cointreau,

unbehandelten Orange.

Hicks.....

Die Ananasscheiben aus der Dose nehmen und gut abtropfen lassen. Jetzt die Ringe in mundgerechte Stückchen klein schneiden. Die Stücke in Puderzucker wenden, in eine Schüssel geben und eine Mischung aus Cointreau und Rum darüber gießen. Alles in kleine Dessertschälchen füllen und schön kalt stellen. Eine halbe Stunde vor dem Servieren die Sahne steif schlagen und ´über die Dessertschälchen geben. Noch ein wenig mit dem Kirschwasser beträufeln: Fertig. Kann man super vorbereiten und kalt stellen!

Apfel Mandel im Schnee

2 Äpfel,

2 Eiweiß,

2 EL. Zucker,

100 gr. geschlagene Sahne,

Zitronensaft,

Mandelsplitter.

Die Äpfel bitte zunächst mit einer Küchenraspel klein schneiden und –um deren appetitliche Farbe zu halten- mit Zitronensaft beträufeln. Das Eiweiß steif schlagen. Die Sahne über die Äpfeln schütten und den Eischnee vorsichtig unterheben. Mit den Mandelsplittern bestreut, servieren : Keine 10 Minuten und dieses Dessert ist fertig.

‚Aprikosen -Sorbee'

500 gr. Pfirsiche aus der Dose

100 gr. 20% Quark (oder magerer falls im Diätplan so vorgesehen)

250 gr. Zucker,

1/8 ltr. Sahne,

5 cl Orangenlikör (Gran Manier o.ä.).

Ein Teil der Aprikosen wird aus der Dose genommen und zunächst weggelegt als spätere Deko. Den Rest bitte pürieren und mit dem Quark, der Sahne und 200 gr. Zucker vermischen und mit der Schüssel in das Eisfach oder das Tiefkühlfach Ihres Kühlschrankes.

Herausnehmen und auf kleine Dessertteller verteilen und die Dekohälften der Aprikosen darauf anrichten.

Schokomousse

50 gr. Schokolade,

½ ltr. Milch,

1 Packet Vanillezucker,

1 Prise Salz,

50 gr. Zucker,

2 Eiweiß,

40 gr. Speisestärke,

2 EL. gehackte Mandeln.

Zunächst bitte das Eiweiß steif schlagen. Jetzt die Stärke mit etwas Milch anrühren. Nun die Schokolade in einem Wasserbad schmelzen lassen. Die restliche Milch mit der flüssigen Schokolade, Vanillezucker, Zucker, und der Prise Salz erhitzen. Jetzt die Stärkemischung unterrühren und alles aufkochen lassen. Die Mandelsplitter zum Schluss dazugeben und den Eischnee mit dem Mixer unterrühren. Alles in eine Porzellanterrine geben und im Kühlschrank abkühlen lassen.

Vanilleflammeri

1 Ei getrennt,

½ ltr. Milch,

40 gr. Zucker,

1 Packet Vanillezucker,

1 Prise Salz,

40 gr. Speisestärke,

1 unbehandelte Zitrone,

Zunächst bitte das Eiweiß steif schlagen. Jetzt die Stärke mit etwas Milch anrühren. Die restliche Milch mit dem Vanillezucker, Zucker, dem Eigelb und der Prise Salz erhitzen. Jetzt die Stärkemischung unterrühren und alles aufkochen lassen. Den Eischnee mit dem Mixer unterrühren. Alles in eine Porzellanterrine geben und im Kühlschrank abkühlen lassen.

Hefewaffeln

250g Mehl,

3 TL. Backhefe,

1 Packet Vanillezucker,

100g Butter,

3 Eier,

2 EL. Honig,

1/8 ltr. Wasser,

4 EL. Sahne,

1 Prise Salz,

Puderzucker,

1 TL. Zimt.

Aus der Hefe, dem Mehl und dem Honig mit der Sahne zunächst einen Vorteig machen und alles schön zugedeckt gut 15 Minuten gehen lassen.

Jetzt bitte die Butter, die Eier, den Vanillezucker und das Salz im Küchenmixer schaumig schlagen und mit dem Vorteig und dem Wasser zu einem Teig verarbeiten. Wieder zugedeckt gehen las-

sen. Im Waffeleisen goldbraun backen und mit Puderzucker bestreuen.

Tipp : Servieren Sie die Hefewaffeln mit heißen Kirschen und/oder Sahne, die auf der heißen Waffel und den Kirschen schön verläuft...Lecker, lecker, lecker!

Blaubeersorbee á la Charlott

Sahne,

2 EL Zucker,

1 Pk. Vanillezucker,

1 Packung gefrorene Blaubeeeren,

Die Blaubeeren werden gefroren aus der Packung genommen und im Mixer zerkleinert. Dabei wird- nach Geschmack- Sahne zugegeben, sodass alles schön sähmig bleibt. Dann den Zucker dazugeben und den Vaniellezucker zum Schluss untergeben und mixen.

Fertig ist eine kalte Nachspeise, die in 5 Minuten fertig ist.

Diese Nachspeise kann mit beliebigem tiefgekühlten Früchten angerichtet werden, ganz nach Geschmack.

Sherrycreme

2 Eigelb,

60g Zucker,

1/8 ltr. trockener Sherry,

Saft einer Zitrone,

1 TL. Speisestärke.

Zunächst bitte das Eigelb und den Zucker mit dem Küchenmixer in einem Topf im warmen Wasserbad schaumig rühren. Die Speisestärke unterrühren. Wird die Soße langsam sämig, den Topf aus dem Wasserbad nehmen und cremig rühren. Mit Sherry und dem Zitronensaft abschmecken. und schön kalt stellen. Guten....!

Gnocchi mit Mohn

frische Gnocchi ital. Kartoffelbällchen (z.B. bei Lidl delikato)

Vanillesoße,

Butter,

Mohn zerrieben *oder :Zimt und Zucker.*

Die Gnocchi gut 2-3 Minuten in Butter anbraten, ggf. auch länger, dann werden sie außen kross und bleiben innen weich. Den zerriebenen Mohn dazugeben oder alternativ mit Zimt und Zucker überstreuen.

Jetzt etwas Vanillesoße auf jeden Teller dazugeben: Mehr is nich zu tun...ehrlich: Sie haben fertig!

Weinsoße

2 Eier,

50 gr. Zucker,

¼ ltr. trockener Weißwein,

1 unbehandelte Zitrone,

1 TL. Speisestärke,

Bitte zunächst die Eier mit Stärkepulver, dem Wein und Zucker im Wasserbad mit dem Schneebesen 12 Minuten aufschlagen, bis eine dicke, schaumige Sauce entstanden ist. Macht richtig Spaß, denn man kann schön Frust abbauen. Soße nie aufkochen lassen, sonst gerinnt sie und...wie gewonnen, so zerronnen?! Diese Soße kann beliebig mit vielen Mehl-Süßspeisen kombiniert werden.

Apfelschaum

2 Eier,

1 TL. Speisestärke,

1 Packet Vanillezucker,

40 gr. Zucker,

¼ ltr. Apfelsaft,

3 EL. abgeriebene Zitronenschale einer unbehandelten Zitrone

Alle Zutaten (ohne Zitronenschale und Apfelsaft) im Wasserbad mit dem Küchenmixer schaumig schlagen. Nach und nach die Zitronenschale und den Apfelsaft unterrühren. Wenn Sie nach ca. 10 Minuten eine Creme haben, dann alles vom Herd nehmen und kalt stellen. Diese Soße kann beliebig mit vielen Mehl-Süßspeisen kombiniert werden.

Quickies

8 Quickies

Zwar hatte ich in der Einleitung geschrieben, dass man sich zum Kochen stets Zeit lassen sollte, aber seit wann geht der Wegweiser zum Ziel: nie. Man hat sie eben nicht immer, die Zeit und so.

Man hat zwar bei den Freunden kein ‚Sterne-Menü' angekündigt, aber man will sich trotz der Arbeit und der Alltagshektik auf ein gemeinsames Essen und ein Glas Rotwein treffen, wobei das Menü nicht die erste Geige spielt, sondern eher das gesellige Zusammensein.

.... hatten wir uns so gedenkt. Dann wird der Bürotag aber doch länger und immer länger und wir werden es gerade mal eine Stunde vor dem angekündigten Essen gegen halb sieben Uhr nach Hause schaffen. Allen schon wieder absagen ist auch nicht gewollt, denn schliesslich arbeiten wir, um zu leben, und nicht umgekehrt.

Keine Frage, dass für aufwendiges Einkaufen und in Ruhe aussuchen keine Zeit mehr ist, denn die Geschäftsöffnungszeiten in Deutschland sind noch recht stark reglementiert.

Daher sind alle Gerichte der Kategorie „Quickies“ so ausgesucht, dass sie flott angerichtet werden können und wenig Aufwand erfordern.

Gemüse Aceto Balsamico

Verschiedene Gemüse (was in Ihrem Kühlfach ist) z.B.:
Möhren,
Gurke,
Brechbohnen (aus der Dose),
Zucchini,
Blumenkohl,
Aubergine,
Dressing
2 EL. Aceto Balsamico,
1 EL. Kapern,
1 EL. Majonäse,
Kochschinken.

Das Gemüse, was da ist, nur ganz kurz in Salzwasser garen (blanchieren). Inzwischen in einer kleinen Schüssel den Aceto Balsamico mit Salz, Pfeffer anrühren.

Die Sauce über das gegarte Gemüse verteilen und gut 15 Minuten manirieren lassen.

Jetzt die Gurke und den Schinken in lange Streifen schneiden und mit dem Dressing über das Gemüse geben. Majonäse und Kapern darüber geben: Lecker, gesund und echt schnell gemacht: Eben ein Quickie.

Eierkuchenrolle -Kräuter

1 Knoblauchzehe,

6 Eier,

1 Prise Muskat,

Olivenöl (z.B. Luccese),

Weichkäse,

100 gr. Thunfisch in Öl,

Salz, Pfeffer,

100 gr. gemischte Kräuter (tiefgekühlt)

3 EL. Parmesan

Zunächst die Kräutermischung auftauen und den durchgepressten Knoblauch mit ihr vermischen. Nun die Eier zu einem Teig schlagen und mit dem Parmesan, Salz, Pfeffer und Muskat würzen und alles abschmecken. Jetzt die Eierkuchenmasse in Olivenöl (z.B. Luccese) als Pfannkuchen anbraten und *anschliessend* mit dem Weichkäse und dem Thunfisch füllen und gerollt servieren. Schmeckt warm, aber auch vorbereitet (Quickie) kalt.

Röstbrot mit Spargel

2 Eier,

Bund Petersilie,

4 Weißbrotscheiben,

16 Spargelköpfe (aus der Dose oder tiefgefroren),

Salz, Pfeffer.

Zunächst die Eier hart kochen und schälen und klein kacken. Danach die frische Petersilie fein hacken und unter die Eiermasse geben.

Die Weißbrotscheiben mit der Eier-Petersilienpaste bestreichen und je zwei Spargelköpfe diagonal darauf geben.

Alles für ca. 7 Minuten in den vorgeheizten Ofen geben und sofort heiß servieren.

Huhnsalat ‚an' Gemüse

1 Möhre,

Sellerie,

1 Zwiebel,

400 gr. Hühnerbrüste,

300 gr. Brechbohnen (Dose),

150 gr. Erbsen (Dose),

Olivenöl (z.B. Luccese)

Essig

1 TL. Senf,

Salz, Pfeffer

Die Karotten, den Sellerie und die Zwiebel ca. 15 Minuten köcheln lassen. Die aufgetauten Hühnerbrüste in einer Pfanne mit Olivenöl (z.B. Luccese) schön anbraten und schon in der Pfanne würzen.

Die Erbsen und Bohnen aus der Dose abtropfen lassen und alles in eine Schüssel zusammen mit den gebratenen Hühnerbrüsten geben, die von uns mundgerecht klein geschnitten wurden.

Jetzt das Dressing aus Essig, Senf, Salz und Pfeffer vorbereiten und über den Salat geben. Für ganz Eilige tut's auch ein fertiges Dressing.

Tomaten Sardelle

150 gr. altes Weißbrot,

6 Sardellenfilets (Dose),

1 Knoblauchzehe,

Petersilie,

5 Tomaten,

Olivenöl (z.B. Luccese),

Salz, Pfeffer.

Den Ofen bei ca. 190 Grad vorheizen und das Brot in Würfelchen schneiden. Die Sardellenfilets, den Knoblauch und Petersilie fein schneiden bzw. hacken und alles in einer mit Olivenöl (z.B. Luccese) getränkten Pfanne anbraten. Jetzt das Weißbrot dazu geben, damit es schön die Aromen

aufnehmen kann. Alles in die ausgehöhlten Tomaten einfüllen.

Tomaten Fromage (franz. Käse)

1 Knoblauchzehe,

Petersilie,

4 Tomaten,

Olivenöl (z.B. Luccese)

1 Paket Hüttenkäse

3 EL. Naturjoghurt

Schnittlauch,

3 EL. süße Sahne,

Salz, Pfeffer.

Tomaten halbieren und aushöhlen und abtropfen lassen. Den Joghurt mit dem Hüttenkäse vermengen. Jetzt den Schnittlauch darunter rühren und die Sahne unterheben. Alles mit Salz und Pfeffer abschmecken.

Die Tomaten mit der Käsemasse ausfüllen und ggf. mit einer schwarzen Olive garnieren.

Tomaten alla Pesto Genovese

4 große Tomaten

Pfeffer

Pesto Genovese (z.B. Pesto alla Genovese)

Tomaten halbieren und mit Pesto Genovese bestreichen. Er kann ruhig ‚dick aufgetragen' werden. Dann mit frisch geriebenem Pfeffer aus der Mühle würzen. Fertig! Eine wunderbar frische, leichte Vorspeise für schöne Sommernächte zu Zweit auf der Terrasse. Dazu passt prima ein schöner Rotwein. Die Nachspeise kann dann zu Zweit nach Wahl ausfallen!

Paprikakörbchen

2 Paprikaschoten (gelb und rot)

20 gr. Rosinen,

1 Knoblauchzehe,

Petersilie,

Kapern,

4 Sardellenfilets,

Olivenöl (z.B. Luccese)

Salz.

Die Paprikaschoten in Schiffchen schneiden. Die Schiffchen in dem Ofen grillen und häuten.

Aus der Petersilie, den Kapern, den Sardellenfilets und der durchgedrückten Knoblauchzehe eine Masse zum Füllen vorbereiten.

Nun die Schiffchen mit der Masse füllen und bei ca. 170 Grad 15 Minuten in den Ofen geben.

Totellini-Gemüse-Suppe

30 gr. Schinkenspeck,

1 Knoblauchzehe,

1 Ltr. Brühe,

Suppengemüse (tiefgekühlt),

100 gr. fertige Tortellini,

1 Dose weiße Bohnen,

Petersilie,

Salz, Pfeffer.

Den Schinken und Knoblauch in einem Topf mit dem guten Olivenöl anbraten und dann mit der Brühe ablöschen. Das gefrorene Gemüse dazu und alles gut 15 Minuten kochen lassen. Die Trotellini für 5-6 Minuten (Packungsangabe) dazu geben. Alles in Suppenteller mit Petersilie garniert: Sie haben fertig!

Tortellini super frisch

frische Tortellini (z.B. delikato)

100 gr. Gorgonzola-Käse

½ Becher Sahne

Die frischen Tortellini nach Packungsangabe ca. 2 Minuten in 2 ltr. Salzwasser kochen, herausnehmen und unter kaltem Wasser abschrecken. Jetzt die Herdplatte abstellen und den Topf vom Herd nehmen und die abgeschreckten Tortellinis zum Warmhalten zurück in den ursprünglichen Topf.

In einem Extra-Topf Gorgonzola-Käse schmelzen und langsam Sahne dazugeben.

Fertig liebe Leut'!

Avocado-Parfait

Schwarzbrot,

1 Becher Tzatziki,

Salz,

Zitronensaft,

3 reife, weiche Avocados

Das Fruchtfleisch der reifen Avocados mit dem mit dem Tzatziki vermischen und mit Zitronensaft und etwas Salz abschmecken.

Die Creme auf Schwarzbrotscheiben geben und mit einer Cocktailtomate oder einer schwarzen Olive garnieren: Fertig: Schmeckt genauso genial, wie es einfach ist, meine Lieben.

Schinken-Melone-Bonbons

1 Honigmelone,

100 gr. Knochenschinken (z.B. Abraham)

Pfeffer.

Die schön gekühlte Melone halbieren und die Kerne entfernen.

Mit einem Apfel-Ausstecher (oder von Hand kleingeschnitten) werden so viele Melonenkugeln als Bonbon-Füllungen ausgeschnitten, wie Schinkenscheiben vorhanden sind.

Die Schinkenscheiben werden nebeneinander gelegt und mit der Melonenkugel gefüllt und dann wird der Schinken um die Melonenkugel gewickelt, sodass ein Bonbon entsteht. Jetzt auf einem weißen Teller rund von aussen nach innen anordnen und schön pfeffern.

Dieser ‚Appetizer' kann mit anderen Vorspeisen kombiniert werden aber auch alleine als kleines Menü gelten und hervorragend mit einem Sekt oder Champagner kombiniert werden. Dann ist es ein super Menü für ein schönes Date...sozusagen die Vorspeise.

Zubereitung: keine 5 Minuten, lässt sich sehr gut vorbereiten und kaltstellen.

Käsewindbeutel

20 gr. Butter,

20 gr. Mehl,

¼ ltr. Milch,

etwas süße Sahne,

80 gr. Emmentaler,

40 gr. Gorgonzola,

2 Eigelb.

Zuerst bitte den Ofen auf 150 Grad vorheizen. Jetzt die Butter in einem Topf schmelzen und Mehl dazugeben. Nun mit Milch und der Sahne ablöschen und mit Salz und Pfeffer würzen. Käse dazu geben. Zum kochenden Mehlbrei den zerkleinerten Käse hinzugeben und weiter rühren, bis der Käse geschmolzen ist.

Jetzt mit dem Löffel alles auf dem eingefetteten Backblech verteilen bis die Windbeutel die gewünschte Farbe haben.

Käsetörtchen

100 gr. Hüttenkäse,
100 gr. Gorgonzola,
50 gr. Gauda,
Walnüsse.
Diese drei Käsesorten oder andere je nach Geschmack in dem Mixer verrühren, bis ein einheitlicher ‚Brei' entstanden ist.

Den Käsebrei in vier kalt ausgespülte Förmchen geben und auf einen mittelgroßen Teller geben und sofort mit Baguette/ Weißbrot servieren oder 1-2 Stunden in den Kühlschrank geben.

Die Käsetorten schmecken hervorragend mit einem trockenen Weißwein oder- je nach Geschmack- auch mit einem Roten.

Crêpetorte

Die Crêpes:
200-250 gr. Mehl,
½ ltr. Milch,
4-5 Eier,
Prise Salz und Muskatnuss,
Die Füllung:
300 gr. Karotten,
1 Chicorée,
verschiede Aufschnittwurst (was da ist),
4 hart gekochte Eier.
Die Karotten werden geschält und mit dem Gurkenhobel in Scheiben geschnitten. Den Chicoree und die Eier in Scheiben schneiden.

Als Grundlage wird eine fertige Crêpe genommen. Dann wird eine Lage mit Wurst/abwechselnd Gemüse gelegt und wieder mit einer Crêpe belegt usw. bis eine Torte mit verschiedenen Schichten nach Geschmack entstanden ist, sodass alle Crêpes und Zutaten aufgebraucht sind.

Eventuelle die Crêpetorte noch kurz in den Kühlschrank stellen.

Tipp: Die Crêpetorte ist eine hervorragende Grundlage für eine ‚Weinprobe' mit Freunden, die als ‚Bottleparty' arrangiert, ihren Weinfavoriten in Flaschenform mitbringen dürfen und etwas über Anbaugebiet und Kultur der Region erzählen... es wird ein feucht-fröhlicher Abend!

Afrogado (ital. der Ertrunkene)

Vanilleeis aus der Packung

frisch gebrühter Expresso

Der Ertrunkene/ die Ertrunkene ist so einfach wie lecker und in ca. 5 Minuten fertig: Also der MEGA-HAMMER-SUPERQUICKIE: Einfach auf der heimischen Expressomaschine soviel Expressi wie Personen sind, frisch brühen und ca. 2-3 Esslöffel Vanilleeis in ein dickbauchiges Glas/pro Person geben. Jetzt den frisch gebrühten Express darüber geben: Fertig: Das Vanilleeis ist ertrunken, daher der Name aus dem Italienischen. Ja, ja, es ist eine Art Eiskaffee, aber warum sind Sie heute wieder so unromantisch? Einfach den Gästen als *die* Dessertneuheit verkaufen. Übrigens: Auslöffeln nicht vergessen!

9 Rezeptregister

Platz für eigene Rezepte

Platz für eigene Rezepte